いっしょに探検！日本の伝統文化と芸術 二

和《わ》歌《か》・俳《はい》句《く》・川《せん》柳《りゅう》を探《たん》検《けん》！

監修　文京学院大学外国語学部非常勤講師　稲田和浩

もくじ

第《だい》1章《しょう》 和《わ》歌《か》

おまけの探《たん》検《けん》

第《だい》2章《しょう》 俳《はい》句《く》

●和《わ》歌《か》、俳《はい》句《く》、川《せん》柳《りゅう》などの表《ひょう》記《き》や成《せい》立《りつ》年《ねん》代《だい》、解《かい》釈《しゃく》などには諸《しょ》説《せつ》ある場《ば》合《あい》があります。

●古《こ》典《てん》作《さく》品《ひん》は、原《げん》則《そく》として歴《れき》史《し》的《てき》かなづかいで表《ひょう》記《き》し、現《げん》代《だい》かなづかいの読《よ》みをかっこ内《ない》に表《ひょう》記《き》しています。漢《かん》字《じ》のふりがなは、現《げん》代《だい》かなづかいでつけています。句《く》読《とう》点《てん》や送《おく》りがなを補《おぎな》っていることがあります。

第《だい》3章《しょう》 川《せん》柳《りゅう》

おまけの探検《たんけん》

古《ふる》くから受《う》けつがれてきた
日本《にっぽん》の文化《ぶんか》や芸術《げいじゅつ》って、
どんなものがあるんだろう？
いっしょに探検《たんけん》してみよう！

第《だい》1章《しょう》

和《わ》歌《か》

中国《ちゅうごく》の漢詩《かんし》に対《たい》して、日本《にっぽん》の伝統的《でんとうてき》な歌《うた》（詩《し》）を、和歌《わか》とよびました。そのうちに、短歌《たんか》とよばれる形《かたち》の歌《うた》をさすようになりました。

歌《うた》と言《い》っても音楽《おんがく》に合《あ》わせて歌《うた》うのではないね。

大昔《おおむかし》からあったらしいよ。

クイズ1

和歌《わか》（短歌《たんか》）は、何《なん》文《も》字《じ》でつくられる？

6～7ページを見《み》よう。

1. 12文字《もじ》
2. 17文字《もじ》
3. 31文字《もじ》

©PIXTA

クイズ 2

和歌《わか》（短歌《たんか》）は、どのように数《かぞ》える？

12ページを見《み》よう。

これやこの行《い》くも帰《かえ》るもわかれては
知《し》るも知《し》らぬもあ《（お）》ふ《（う）》さかの関《せき》

❶ 一玉《たま》、二玉《たま》…

❷ 一丁《ちょう》、二丁《ちょう》…

❸ 一首《しゅ》、二首《しゅ》…

クイズ 3

決《き》まったある言葉《ことば》に続《つづ》く「枕詞《まくらことば》」と、続《つづ》く言葉《ことば》の正《ただ》しい組《く》み合《あ》わせは？

14ページを見《み》よう。

ちはやぶる

ひさかたの

あしびきの

神《かみ》

山《やま》

光《ひかり》

©PIXTA

©PIXTA

©PIXTA

和《わ》歌《か》ってなに？

和《わ》歌《か》は、古《ふる》くから日本《にっぽん》でつくられてきた歌《うた》（詩《し》）をさします。

さまざまなことに感動《かんどう》すると、歌《うた》にして表《あらわ》すことは、大昔《おおむかし》からありました。
豊作《ほうさく》の喜《よろこ》び
自然《しぜん》のめぐみへの感謝《かんしゃ》
悲《かな》しい別《わか》れ
好《す》きな人《ひと》への思《おも》い
いろいろな気持《きも》ちを歌《うた》ったんだね。

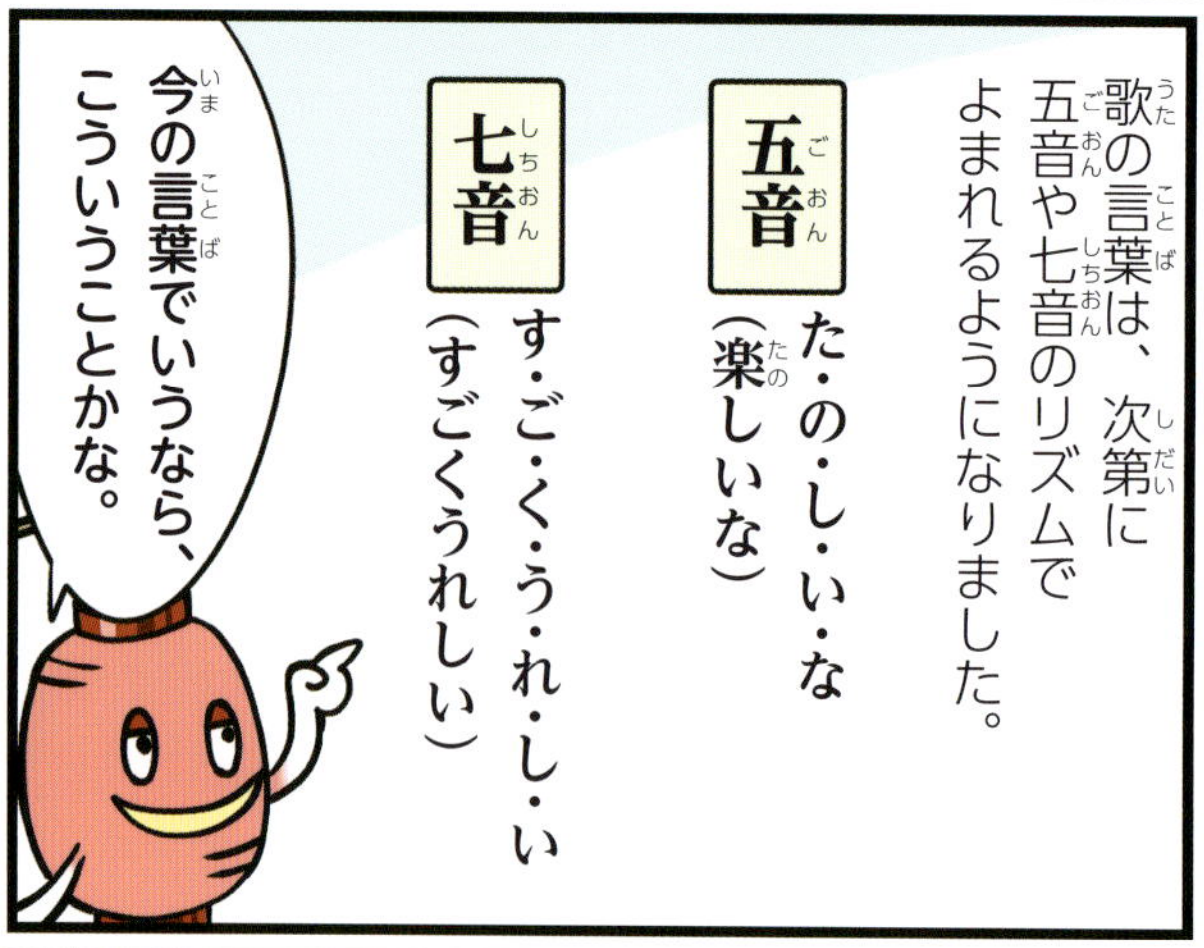

歌《うた》の言葉《ことば》は、次第《しだい》に五音《ごおん》や七音《しちおん》のリズムでよまれるようになりました。
五音《ごおん》
た・の・し・い・な（楽《たの》しいな）
七音《しちおん》
す・ご・く・う・れ・し・い（すごくうれしい）
今《いま》の言葉《ことば》でいうなら、こういうことかな。

古《ふる》い時代《じだい》には、五音《ごおん》と七音《しちおん》の言葉《ことば》の組《く》み合《あ》わせ方《かた》がいくつもありました。

その組《く》み合《あ》わせによって、いくつかの形式《けいしき》があり、それぞれに名前《なまえ》がついています。

片歌《かたうた》
5・7・7

旋頭歌《せどうか》
5・7・7・5・7・7
片歌《かたうた》を2回《かい》くり返《かえ》す。

短歌《たんか》
5・7・5・7・7

長歌《ちょうか》
5・7・5・7・〜5・7〜・7・7
5音《おん》・7音《おん》がくり返《かえ》され、最後《さいご》に7音《おん》をつける。

ミニ情報
大昔《おおむかし》の日本《にっぽん》には文字《もじ》がなく、いつごろから歌《うた》がよまれていたかはよくわかっていない。歌《うた》も口《くち》から口《くち》へと伝《つた》えられたと考《かんが》えられる。後《のち》に文字《もじ》が中国《ちゅうごく》から伝《つた》わり、『万葉集《まんようしゅう》』などに歌《うた》が記録《きろく》された。

また、奈良《なら》の薬師寺《やくしじ》にある、仏様《ほとけさま》の足《あし》あとを刻《きざ》んだとされる仏足石《ぶっそくせき》には、5・7・5・7・7・7の歌《うた》が刻《きざ》まれています。
この形式《けいしき》の歌《うた》は、仏足石歌《ぶっそくせきか》とよばれます。
仏足石歌《ぶっそくせきか》
5・7・5・7・7・7
短歌《たんか》に7音《おん》がつけ加《くわ》えられているね。
時代《じだい》が進《すす》むにつれて、短歌《たんか》以外《いがい》の歌《うた》はほとんどつくられなくなりました。
5・7・5・7・7
和歌《わか》といえば、5・7・5・7・7で合計三十一文字《ごうけいさんじゅういちもじ》の短歌《たんか》をさすようになりました。
『古今和歌集《こきんわかしゅう》』の冒頭《ぼうとう》には、和歌《わか》について次《つぎ》のようにかかれています。
「やまとうたは、人《ひと》の心《こころ》を種《たね》として、万《よろず》の言《こと》の葉《は》とぞなれりける」
「力《ちから》をも入《い》れずして天地《あめつち》を動《うご》かし、目《め》に見《み》えぬ鬼神《おにがみ》をもあは(わ)れと思《おも》は(わ)せ、男女《おとこおんな》のなかをもやは(わ)らげ、猛《たけ》き武士《もののふ》の心《こころ》をも慰《なぐさ》むるは、歌《うた》なり」
「和歌《わか》は、人《ひと》の心《こころ》をもとにして、いろいろな言葉《ことば》になった(ものである)。」
「力《ちから》を入《い》れないで天地《てんち》(の神々《かみがみ》)を感動《かんどう》させ、目《め》に見《み》えない鬼神《きしん》をもしみじみとした思《おも》いにさせ、男女《だんじょ》の仲《なか》を親《した》しくさせ、勇猛《ゆうもう》な武士《ぶし》の心《こころ》を和《やわ》らげるのは、歌《うた》なのである。」
という意味《いみ》です。
和歌《わか》は、言葉《ことば》で人《ひと》の心《こころ》を動《うご》かすということを述《の》べています。
和歌《わか》(短歌《たんか》)は、さまざまな形《かたち》でよまれ、今《いま》に続《つづ》いています。
題詠《だいえい》
歌合《うたあわせ》
贈答《ぞうとう》
和歌集《わかしゅう》
屏風歌《びょうぶうた》
昔《むかし》から今《いま》に続《つづ》いているんだね。

ミニ情報

「題詠《だいえい》」は、決《き》めておいた題《だい》に合《あ》う歌《うた》をよむこと。「贈答《ぞうとう》」は、男女《だんじょ》が気持《きも》ちを伝《つた》えてやりとりすること。
「歌合《うたあわせ》」は、歌《うた》の作者《さくしゃ》が左右《さゆう》に分《わ》かれ、同《おな》じ題《だい》で歌《うた》をよんで優劣《ゆうれつ》を競《きそ》う遊《あそ》び。

三《さん》大《だい》和《わ》歌《か》集《しゅう》を探《たん》検《けん》！

古《ふる》くから、和《わ》歌《か》を集《あつ》めた和《わ》歌《か》集《しゅう》がつくられました。『万葉集《まんようしゅう》』、「古今和歌集《こきんわかしゅう》」、「新古今和歌集《しんこきんわかしゅう》」は、日本《にっぽん》を代表《だいひょう》する和歌集《わかしゅう》です。

あかねさす紫野《むらさきの》行《ゆ》き標野《しめの》行《ゆ》き
野守《のもり》は見《み》ずや君《きみ》がそでふる
額田王《ぬかたのおおきみ》
むらさきの草《くさ》がしげる御料地《ごりょうち》（朝廷《ちょうてい》が管理《かんり》する土《と》地《ち》）で、あなたが衣《ころも》のそでをふって愛情《あいじょう》を示《しめ》している。番人《ばんにん》に見《み》られてしまうではありませんか。

『万葉集《まんようしゅう》』

8世紀半《せいきなか》ばにできたと考《かんが》えられています。現在《げんざい》まで残《のこ》っている歌集《かしゅう》では最《さい》古《こ》のものです。20巻《かん》で構成《こうせい》され、全部《ぜんぶ》で4500首《しゅ》あまりの歌《うた》が集《あつ》められています。何回《なんかい》かに分《わ》けてまとめられ、最終段階《さいしゅうだんかい》では、歌人《かじん》の大伴家持《おおとものやかもち》が関《かか》わったと考《かんが》えられています。

内容《ないよう》

5世紀前半《せいきぜんはん》～8世紀半《せいきなか》ばの約《やく》300年間《ねんかん》によまれた長歌《ちょうか》、短歌《たんか》、旋頭歌《せどうか》などが収《おさ》められています。歌《うた》の内容《ないよう》から、恋《こい》をよんだ相聞歌《そうもんか》、だれかの死《し》をいたむ挽歌《ばんか》、それ以外《いがい》の自然《しぜん》や宮廷《きゅうてい》の儀式《ぎしき》などをよんだ雑歌《ぞうか》に分《わ》けられます。

特《とく》ちょう

天皇《てんのう》・皇族《こうぞく》、貴族《きぞく》、役人《やくにん》、農民《のうみん》、兵《へい》士《し》など、はば広《ひろ》い身分《みぶん》の人《ひと》がよんだ歌《うた》が収《おさ》められています。『万葉集《まんようしゅう》』の時代《じだい》はまだかな文字《もじ》はなく、漢字《かんじ》の音《おん》を日《に》本語《ほんご》の音《おん》にあてはめた万葉仮名《まんようがな》で書《か》かれています。素朴《そぼく》さや雄大《ゆうだい》さが感《かん》じられる歌《うた》が多《おお》いとされています。

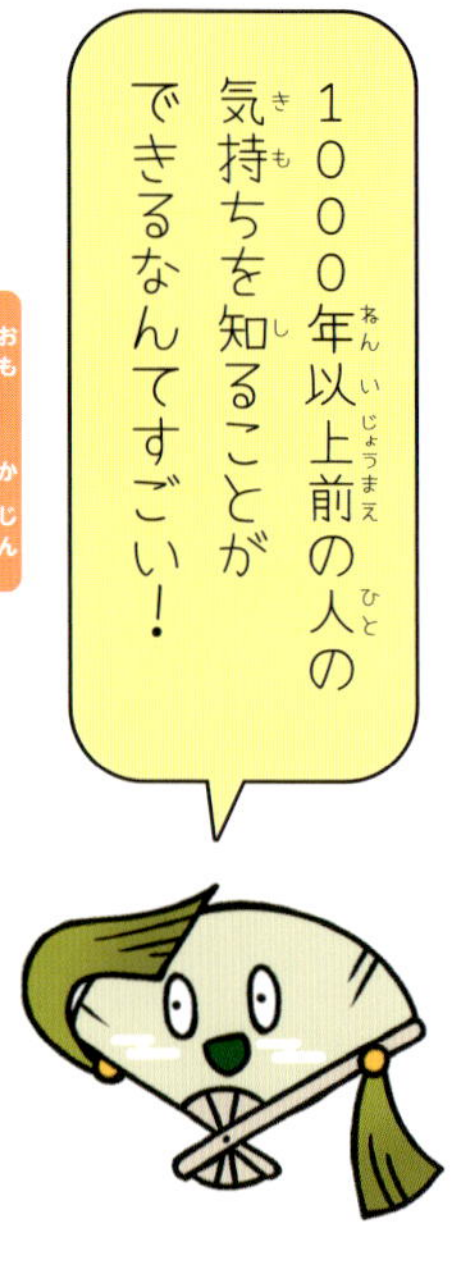

1000年以上前《ねんいじょうまえ》の人《ひと》の気持《きも》ちを知《し》ることができるなんてすごい！

主《おも》な歌人《かじん》

額田王《ぬかたのおおきみ》
7世紀《せいき》の皇族《こうぞく》の女性《じょせい》。若《わか》いころから歌《うた》の才能《さいのう》を認《みと》められていた。朝廷《ちょうてい》の儀式《ぎしき》などで歌《うた》をよんでいた。

柿本人麻呂《かきのもとのひとまろ》
7～8世紀《せいき》の歌人《かじん》。朝廷《ちょうてい》に仕《つか》えて歌《うた》をつくっていた。短歌《たんか》、長歌《ちょうか》ともにすぐれ、後《のち》の時代《じだい》には「歌聖《かせい》」としてたたえられた。

山部赤人《やまべのあかひと》
7～8世紀《せいき》の歌人《かじん》。朝廷《ちょうてい》に仕《つか》えて歌《うた》をつくっていた。天皇《てんのう》が外出《がいしゅつ》する際《さい》に同行《どうこう》してつくった歌《うた》が多《おお》くのこっている。

大伴坂上郎女《おおとものさかのうえのいらつめ》
奈良時代《ならじだい》の歌人《かじん》。額田王《ぬかたのおおきみ》に並《なら》ぶ女性歌人《じょせいかじん》で、『万《まん》葉集《ようしゅう》』には84首《しゅ》の長歌《ちょうか》と短歌《たんか》が収《おさ》められており、女性《じょせい》では最多《さいた》。

山上憶良《やまのうえのおくら》
660～733年《ねん》。役人《やくにん》として朝廷《ちょうてい》に仕《つか》え、遣《けん》唐使《とうし》の一員《いちいん》として唐《とう》（中国《ちゅうごく》）にわたったこともある。家族《かぞく》への愛情《あいじょう》をよんだ歌《うた》で知《し》られる。

大伴家持《おおとものやかもち》
718?～785年《ねん》。役人《やくにん》として各地《かくち》におもむいた。『万葉集《まんようしゅう》』の編《へん》さんに関《かか》わったともいわれ、約《やく》470首《しゅ》の歌《うた》が収《おさ》められている。

ミニ情報
『万葉集《まんようしゅう》』は、「心《こころ》」を「許己呂《こころ》」、「なつかし」を「奈津可之《なつかし》」のように、漢字《かんじ》の音《おん》を日本語《にほんご》の音《おん》にあてた「万葉仮名《まんようがな》」で書《か》かれている。中《なか》には、正《ただ》しい読《よ》み方《かた》がわからなくなった言葉《ことば》もある。

『古今和歌集《こきんわかしゅう》』

平安時代前期《へいあんじだいぜんき》につくられました。天皇《てんのう》の命《めい》でつくられた勅撰和歌集《ちょくせんわかしゅう》の最初《さいしょ》のものです。紀友則《きのとものり》、紀貫之《きのつらゆき》、凡河内躬恒《おおしこうちのみつね》、壬生忠岑《みぶのただみね》が編集《へんしゅう》して1100首《しゅ》の歌《うた》を集《あつ》めました。

内容《ないよう》

約《やく》120人《にん》の歌人《かじん》が約《やく》150年間《ねんかん》によんだ歌《うた》が収《おさ》められています。四《し》季《き》、離別《りべつ》(別《わか》れ)、恋《こい》、哀傷《あいしょう》(死《し》をいたむ)などの歌《うた》に分《わ》かれています。

花《はな》の色《いろ》は
うつりにけりな
いたづらに
わがみよにふる
ながめせしまに
小野小町《おののこまち》
花《はな》の色《いろ》はすっかりあせてしまった。
私自身《わたしじしん》がむなしくすごし、降《ふ》り続《つづ》く
長《なが》い雨《あめ》をながめている間《あいだ》に。

特《とく》ちょう

技巧《ぎこう》(わざ)を使《つか》い、優美《ゆうび》で繊《せん》細《さい》な歌《うた》が多《おお》いとされています。後《のち》の時代《じだい》まで和歌《わか》のお手本《てほん》とされました。桜《さくら》の花《はな》が散《ち》る様子《ようす》をはかなく、美《うつく》しいと見《み》るなど、日本人《にっぽんじん》の美意識《びいしき》のもとにもなっています。

主《おも》な歌人《かじん》

小野小町《おののこまち》
平安時代初期《へいあんじだいしょき》の歌人《かじん》。絶世《ぜっせい》の美女《びじょ》ともいわれるが、くわしい生《しょう》がいについては不《ふ》明《めい》。歌《うた》にすぐれた六歌仙《ろっかせん》(↓46ページ)の一人《ひとり》に選《えら》ばれている。『古今和歌集《こきんわかしゅう》』には18首《しゅ》の歌《うた》が収《おさ》められている。

紀貫之《きのつらゆき》
9~10世紀《せいき》の歌人《かじん》。役人《やくにん》として朝廷《ちょうてい》に仕《つか》える。『古今和歌集《こきんわかしゅう》』の選者《せんじゃ》の筆頭《ひっとう》に選《えら》ばれ、自身《じしん》の歌《うた》も101首《しゅ》収《おさ》められている。女性《じょせい》が書《か》いたという設定《せってい》で『土佐日記《とさにっき》』を著《あらわ》したことでも知《し》られる。

凡河内躬恒《おおしこうちのみつね》
9~10世紀《せいき》の歌人《かじん》。役人《やくにん》として朝廷《ちょうてい》に仕《つか》える。歌《うた》にすぐれていたことから、朝廷《ちょうてい》で開《ひら》かれる歌《うた》の会《かい》に参加《さんか》した。『古今和《こきんわ》歌集《かしゅう》』には、紀貫之《きのつらゆき》に次《つ》ぐ60首《しゅ》が収《おさ》められている。

『新古今和歌集《しんこきんわかしゅう》』

『古今和歌集《こきんわかしゅう》』から約《やく》300年後《ねんご》の鎌倉時代初期《かまくらじだいしょき》につくられました。後《ご》鳥羽上皇《とばじょうこう》の命《めい》により、名高《なだか》い歌人《かじん》の藤原定家《ふじわらのさだいえ》が中心《ちゅうしん》となって歌《うた》を選《えら》びました。

内容《ないよう》

約《やく》2000首《しゅ》の歌《うた》が収《おさ》められています。四季《しき》、恋《こい》、離別《りべつ》、哀傷《あいしょう》などのほか、宗教的《しゅうきょうてき》な内容《ないよう》の歌《うた》も採用《さいよう》されています。

こぬ人《ひと》を
待《ま》つほのうらの
夕《ゆう》なぎに
焼《や》くやもしほ(お)の
身《み》もこがれつつ
藤原定家《ふじわらのさだいえ》
来《き》てはくれないあの人《ひと》を待《ま》ち続《つづ》け、
松帆《まつほ》の浦《うら》で夕方に塩《しお》を焼《や》くように、
身《み》もこがれています。

特《とく》ちょう

「幽玄《ゆうげん》(言葉《ことば》以外《いがい》にただよう静《しず》けさによる美《うつく》しさ)」や「有心《うしん》(はなやかさの中《なか》にただようさびしさといった余情《よじょう》の美《うつく》しさ)」を重《おも》んじる歌《うた》が見《み》られます。現実《げんじつ》からはなれ、美《うつく》しさを求《もと》める姿勢《しせい》が歌《うた》に反映《はんえい》されています。

主《おも》な歌人《かじん》

後鳥羽上皇《ごとばじょうこう》
1180~1239年《ねん》。平安時代末期《へいあんじだいまっき》~鎌倉時代初期《かまくらじだいしょき》の天皇《てんのう》・上皇《じょうこう》。歌《うた》にすぐれ、歌会《うたかい》などもさかんに行《おこな》った。鎌倉幕府《かまくらばくふ》をたおそうと承久《じょうきゅう》の乱《らん》をおこしたが敗《やぶ》れて隠岐《おき》(島根県《しまねけん》)に流《なが》され生《しょう》がいを閉《と》じた。

藤原定家《ふじわらのさだいえ》
1162~1241年《ねん》。「ていか」ともいう。『新古今和歌集《しんこきんわかしゅう》』の選者《せんじゃ》の一人《ひとり》であるとともに、「小倉百人一首《おぐらひゃくにんいっしゅ》」を選《えら》んだことでも知《し》られる。和歌《わか》の研究書《けんきゅうしょ》など多《おお》くの本《ほん》を書《か》いた。

西行《さいぎょう》
1118~1190年《ねん》。もとは佐藤義清《さとうのりきよ》という武士《ぶし》だったが、23歳《さい》で出家《しゅっけ》(僧《そう》になること)し、各地《かくち》を旅《たび》した。武士《ぶし》のころから歌《うた》をよみ、歌《うた》で知《し》られるようになった。『山家集《さんかしゅう》』という歌集《かしゅう》もある。

ミニ情報

『古今和歌集《こきんわかしゅう》』という書名《しょめい》には、『万葉集《まんようしゅう》』に入《はい》らない古《ふる》い歌《うた》と、選者《せんじゃ》たちの時代《じだい》である今《いま》の新《あたら》しい歌《うた》を集《あつ》めた歌集《かしゅう》であるという意味《いみ》がある。

勅《ちょく》撰《せん》和《わ》歌《か》集《しゅう》と私《し》家《か》集《しゅう》ってなに？

和歌集《わかしゅう》には、天皇《てんのう》や上皇《じょうこう》の命《めい》でつくられた勅撰和歌集《ちょくせんわかしゅう》や、個人《こじん》の和歌《わか》を集《あつ》めた私家《しか》集《しゅう》などがあります。

勅撰和歌集《ちょくせんわかしゅう》

平安時代《へいあんじだい》から室町時代《むろまちじだい》まで、21の勅撰和歌集《ちょくせんわかしゅう》がつくられました。これを二十一代集《にじゅういちだいしゅう》といいます。

「古今和歌集《こきんわかしゅう》」より

秋来《あきき》ぬと目《め》にはさやかに見《み》えねども
風《かぜ》の音《おと》にぞおどろかれぬる
藤原敏行《ふじわらのとしゆき》

現代語訳 秋《あき》が来たと、目《め》でははっきりわからないが、聞《き》こえてくる風《かぜ》の音《ね》に秋《あき》を感《かん》じてびっくりさせられることであるよ。

「拾遺和歌集《しゅういわかしゅう》」より

こちふかばにほひ《（い）》おこせよ梅《うめ》の花《はな》
あるじなしとて春《はる》を忘《わす》るな
菅原道真《すがわらのみちざね》

現代語訳 私《わたし》は遠《とお》い所《ところ》へ行《い》ってしまうが、梅《うめ》の花《はな》よ、春《はる》になって東《ひがし》からの風《かぜ》がふいたらまたさいて、かおりを送《おく》っておくれ。主人《しゅじん》がいなくとも春《はる》を忘《わす》れないでほしい。

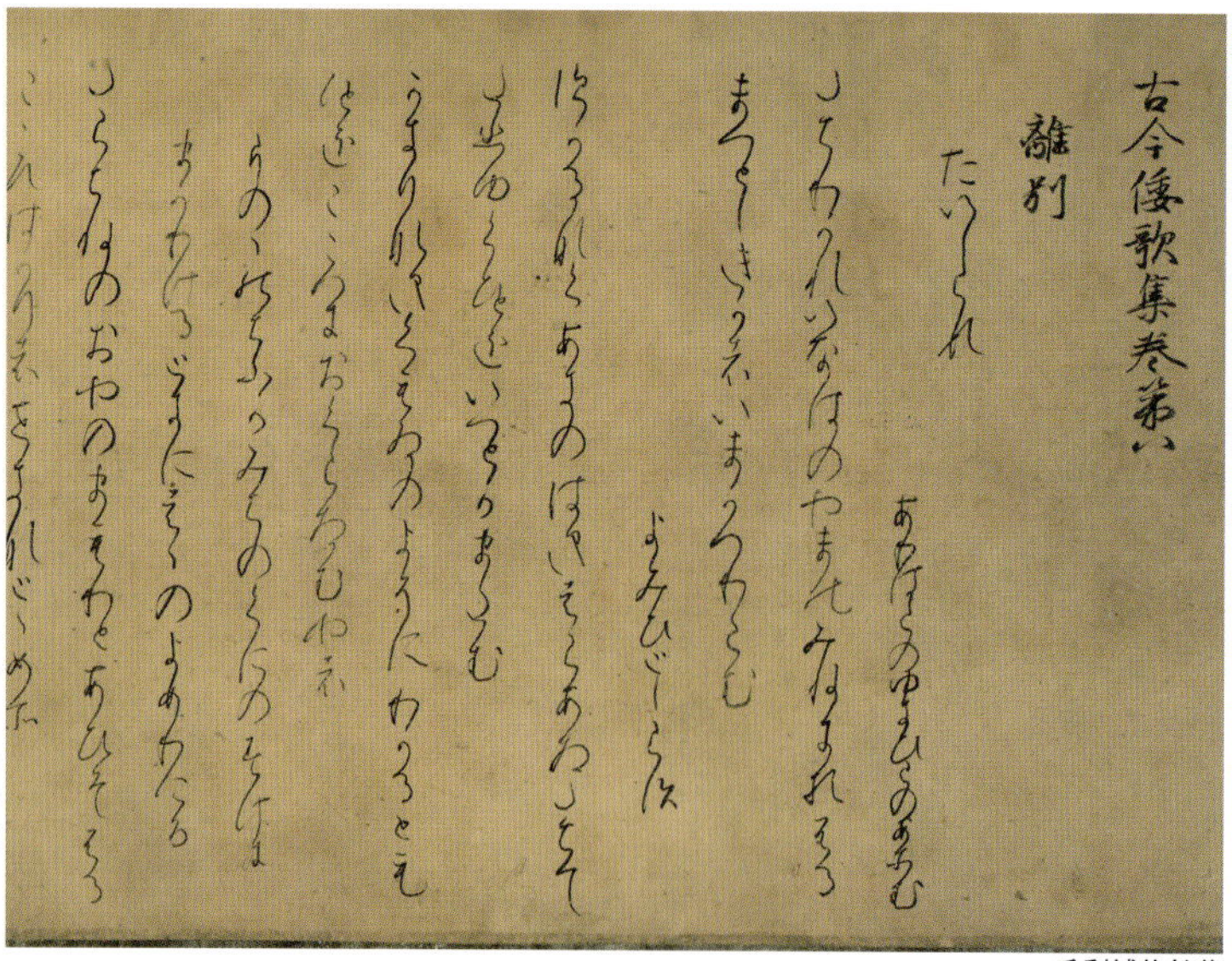

毛利博物館蔵

初《はじ》めてつくられた勅撰和歌集《ちょくせんわかしゅう》『古今和歌集《こきんわかしゅう》』。仮名序《かなじょ》には、和歌《わか》の心《こころ》についての言葉《ことば》が書《か》かれている（→7ページ）。

「後拾遺和歌集《ごしゅういわかしゅう》」より

沖《おき》つ風《かぜ》ふきにけらしな住吉《すみよし》の
松《まつ》のしづ《（ず）》枝《え》をあらふ《（う）》白波《しらなみ》
源経信《みなもとのつねのぶ》

現代語訳 沖合《おきあい》で強《つよ》い風《かぜ》がふいたのだなあ。住吉《すみよし》の浜《はま》の松《まつ》の木《き》の下《した》の枝《えだ》を、打《う》ち寄《よ》せる白《しろ》い波《なみ》が洗《あら》っている。

私家集《しかしゅう》

個人《こじん》の歌《うた》を集《あつ》めた私家集《しかしゅう》も古《ふる》くからつくられていました。

「和泉式部集《いずみしきぶしゅう》」

解説 平安時代中期《へいあんじだいちゅうき》の歌人《かじん》、和泉式部《いずみしきぶ》の歌《うた》を集《あつ》めた私家集《しかしゅう》。和泉式部《いずみしきぶ》は、朝廷《ちょうてい》に仕《つか》えた女房《にょうぼう》で、恋多《こいおお》き女性《じょせい》といわれ、情熱的《じょうねつてき》な歌《うた》をよんだことで知《し》られる。

黒髪《くろかみ》の乱《みだ》れも知《し》らずうちふせば
まづ《（ず）》かきやりし人《ひと》ぞ恋《こい》しき

現代語訳 黒髪《くろかみ》が乱《みだ》れるのも気《き》づかず横《よこ》になると、まず髪《かみ》をかき上《あ》げてくださったあの方《かた》のことが恋《こい》しくてたまらないことだ。

「散木奇歌集《さんぼくきかしゅう》」

解説 平安時代後期《へいあんじだいこうき》の歌人《かじん》、源俊頼《みなもとのとしより》の歌集《かしゅう》。10巻《かん》に1600首余《しゅあま》りを、春《はる》、夏《なつ》、秋《あき》、冬《ふゆ》などに分類《ぶんるい》して収《おさ》める。「散木《さんぼく》」は、役《やく》に立《た》たない木《き》のことで、けんそんしてつけたもの。

庭《にわ》もせにひきつらなれるもろひとの
たちゐ《（い）》るけふ《（きょう）》や千世《ちよ》の初春《はつはる》

現代語訳 朝廷《ちょうてい》の庭《にわ》に多《おお》くの人《ひと》がいてにぎわっている。新《あたら》しい年《とし》の始《はじ》まる今日《きょう》は、天皇《てんのう》の御代《みよ》がいつまでも続《つづ》くめでたさを表《あらわ》している。

ミニ情報 勅撰和歌集《ちょくせんわかしゅう》（勅撰集《ちょくせんしゅう》）は、天皇《てんのう》・上皇《じょうこう》の命《めい》でつくられるもので、国家事業《こっかじぎょう》ともいえ、一流《いちりゅう》の歌人《かじん》が選者《せんじゃ》に任命《にんめい》された。勅撰集《ちょくせんしゅう》に歌《うた》が選《えら》ばれることは、たいへん名誉《めいよ》なことだった。

順《じゅん》	名前《なまえ》	天皇《てんのう》(上皇《じょうこう》)	時代《じだい》	
1	古今和歌集《こきんわかしゅう》	醍醐天皇《だいごてんのう》	平安《へいあん》	三代集《さんだいしゅう》
2	後撰和歌集《ごせんわかしゅう》	村上天皇《むらかみてんのう》	平安	三代集
3	拾遺和歌集《しゅういわかしゅう》	花山院《かざんいん》	平安	三代集
4	後拾遺和歌集《ごしゅういわかしゅう》	白河天皇《しらかわてんのう》	平安	八代集《はちだいしゅう》
5	金葉和歌集《きんようわかしゅう》	白河院《しらかわいん》	平安	八代集
6	詞花和歌集《しかわかしゅう》	崇徳院《すとくいん》	平安	八代集
7	千載和歌集《せんざいわかしゅう》	後白河院《ごしらかわいん》	平安	八代集
8	新古今和歌集《しんこきんわかしゅう》	後鳥羽院《ごとばいん》	鎌倉《かまくら》	八代集
9	新勅撰和歌集《しんちょくせんわかしゅう》	後堀河天皇《ごほりかわてんのう》	鎌倉	十三代集《じゅうさんだいしゅう》
10	続後撰和歌集《しょくごせんわかしゅう》	後嵯峨院《ごさがいん》	鎌倉	十三代集
11	続古今和歌集《しょくこきんわかしゅう》	後嵯峨院《ごさがいん》	南北朝《なんぼくちょう》／室町《むろまち》	十三代集
12	続拾遺和歌集《しょくしゅういわかしゅう》	亀山院《かめやまいん》	南北朝／室町	十三代集
13	新後撰和歌集《しんごせんわかしゅう》	後宇多院《ごうだいん》	南北朝／室町	十三代集
14	玉葉和歌集《ぎょくようわかしゅう》	伏見院《ふしみいん》	南北朝／室町	十三代集
15	続千載和歌集《しょくせんざいわかしゅう》	後宇多院《ごうだいん》	南北朝／室町	十三代集
16	続後拾遺和歌集《しょくごしゅういわかしゅう》	後醍醐天皇《ごだいごてんのう》	南北朝／室町	十三代集
17	風雅和歌集《ふうがわかしゅう》	花園院《はなぞのいん》(光厳院《こうごんいん》)	室町	十三代集
18	新千載和歌集《しんせんざいわかしゅう》	後光厳天皇《ごこうごんてんのう》	室町	十三代集
19	新拾遺和歌集《しんしゅういわかしゅう》	後光厳天皇《ごこうごんてんのう》	室町	十三代集
20	新後拾遺和歌集《しんごしゅういわかしゅう》	後円融天皇《ごえんゆうてんのう》	室町	十三代集
21	新続古今和歌集《しんしょくこきんわかしゅう》	後花園天皇《ごはなぞのてんのう》	室町	十三代集

「千載和歌集《せんざいわかしゅう》」より

さざなみや志賀《しが》の都《みやこ》はあれにしを
昔《むかし》ながらの山桜《やまざくら》かな
読《よ》み人知《びとし》らず

現代語訳 昔《むかし》、都《みやこ》が置《お》かれていた志賀《しが》(大津《おおつ》)は、すっかりあれてしまったが、美《うつく》しい山桜《やまざくら》は、昔《むかし》と変《か》わらずさいている。

読《よ》み人知《びとし》らずで勅撰集《ちょくせんしゅう》に

右《みぎ》の「さざなみや～」の歌《うた》は、平忠度《たいらのただのり》の歌《うた》ですが、『千載和歌集《せんざいわかしゅう》』には、読《よ》み人知《びとし》らず(作者不明《さくしゃふめい》)として収《おさ》められています。平忠度《たいらのただのり》は、権勢《けんせい》をふるった平氏一門《へいしいちもん》の武将《ぶしょう》で、都落《みやこお》ちすることになった際《さい》に和歌《わか》の師《し》である藤原俊成《ふじわらのとしなり》に歌《うた》を書《か》いた巻《ま》き物《もの》を預《あず》け、「一首《いっしゅ》でも勅撰集《ちょくせんしゅう》に採用《さいよう》してほしい」といい、その後戦死《ごせんし》しました。俊成《としなり》は忠度《ただのり》の歌一首《うたいっしゅ》を『千載和歌集《せんざいわかしゅう》』にのせましたが、朝廷《ちょうてい》の敵《てき》であることをはばかって読《よ》み人知《びとし》らずとしたのです。

「山家集《さんかしゅう》」

解説 平安時代末期《へいあんじだいまっき》～鎌倉時代初期《かまくらじだいしょき》の歌人《かじん》、西行《さいぎょう》の歌《うた》を集《あつ》めた歌集《かしゅう》。平安時代末期《へいあんじだいまっき》にできたと考《かんが》えられている。1500首余《しゅあま》りの歌《うた》を、四季《しき》、恋《こい》、雑《ぞう》に分《わ》けて収《おさ》める。

心《こころ》なき身《み》にもあはれ(わ)は知《し》られけり
鴫立《しぎた》つ沢《さわ》の秋《あき》の夕暮《ゆうぐ》れ

現代語訳 おもむきを理解《りかい》しない僧《そう》の私《わたし》にも、しみじみとしたおもむきが自然《しぜん》と感《かん》じられるなあ。しぎが飛《と》び立《た》つ沢《さわ》の夕暮《ゆうぐ》れだ。

「長秋詠藻《ちょうしゅうえいそう》」

解説 平安時代末期《へいあんじだいまっき》～鎌倉時代初期《かまくらじだいしょき》の歌人《かじん》、藤原俊成《ふじわらのとしなり》の歌集《かしゅう》。1178年《ねん》にできた。みずから選《えら》んだ歌《うた》に、後《のち》に子孫《しそん》が加《くわ》えたもの。藤原俊成《ふじわらのとしなり》は定家《さだいえ》の父《ちち》で、『千載和歌集《せんざいわかしゅう》』の選者《せんじゃ》でもある。

春《はる》きぬとそらにしるきは春日山《かすがやま》
みねの朝日《あさひ》のけしきなりけり

現代語訳 春《はる》が来《き》たとなんとなく感《かん》じられる。春日山《かすがやま》に朝日《あさひ》がさす風景《ふうけい》を見《み》ると、そう思《おも》う。

「金槐和歌集《きんかいわかしゅう》」

解説 鎌倉幕府三代将軍《かまくらばくふさんだいしょうぐん》の源実朝《みなもとのさねとも》の歌集《かしゅう》。実朝《さねとも》は、藤原定家《ふじわらのさだいえ》を師《し》として歌《うた》を学《まな》んだ。『万葉集《まんようしゅう》』の歌《うた》に通《つう》じる力強《ちからつよ》い歌《うた》をよんだ。

大海《おおうみ》の磯《いそ》もとどろに寄《よ》する波《なみ》
われてくだけてさけて散《ち》るかも

現代語訳 大海《おおうみ》の磯《いそ》がとどろくほどにあらあらしく寄《よ》せてくる波《なみ》だ。割《わ》れてくだけてさけて散《ち》っている。

ミニ情報 勅撰集《ちょくせんしゅう》に対《たい》して、個人的《こじんてき》な立場《たちば》で多《おお》くの人《ひと》の歌《うた》を集《あつ》めた歌集《かしゅう》は、「私撰集《しせんしゅう》」という。『万葉集《まんようしゅう》』は、代表的《だいひょうてき》な私撰集《しせんしゅう》のひとつ。私家集《しかしゅう》は、ひとりの歌人《かじん》の歌《うた》だけを集《あつ》めた歌集《かしゅう》をいう。

小倉百人一首《おぐらひゃくにんいっしゅ》を探検《たんけん》！

すぐれた歌人《かじん》だった藤原定家《ふじわらのさだいえ》が、古《ふる》くからの歌人《かじん》100人《にん》の歌《うた》を一首《いっしゅ》ずつ選《えら》びました。これが「小倉百人一首《おぐらひゃくにんいっしゅ》」です。

藤原定家《ふじわらのさだいえ》の山荘《さんそう》があった小倉山《おぐらやま》（京都府京都市《きょうとふきょうとし》）。

小倉百人一首《おぐらひゃくにんいっしゅ》とは？

知《し》り合《あ》いに「別荘《べっそう》のふすまにはる歌《うた》を選《えら》んでほしい」とたのまれた定《さだ》家《いえ》が、名歌《めいか》100首《しゅ》を選《えら》んだと伝《つた》えられています。定家《さだいえ》がこれを選《えら》んだ山荘《さんそう》が、京都《きょうと》の小倉山《おぐらやま》のふもとにあったため、「小倉百人一首《おぐらひゃくにんいっしゅ》」とよばれます。

和歌《わか》の名手《めいしゅ》、藤原定家《ふじわらのさだいえ》

「小倉百人一首《おぐらひゃくにんいっしゅ》」を選《えら》んだ藤原定家《ふじわらのさだいえ》は、平安時代《へいあんじだい》末期《まっき》～鎌倉時代《かまくらじだい》に活《かつ》やくした歌人《かじん》で、和歌《わか》の名手《めいしゅ》としてたいへん名高《なだか》い人物《じんぶつ》です。『新古今和歌集《しんこきんわかしゅう》』や『新勅撰和歌集《しんちょくせんわかしゅう》』の選者《せんじゃ》で、『源氏物語《げんじものがたり》』などの研究《けんきゅう》をしたことでも知《し》られています。

選《えら》ばれた100首《しゅ》の歌《うた》は…

定家《さだいえ》は、100首《しゅ》の歌《うた》をそれまでの勅撰和歌集《ちょくせんわかしゅう》（→10～11ページ）の中《なか》から選《えら》びました。平安時代《へいあんじだい》初期《しょき》から鎌倉時代《かまくらじだい》までの約《やく》350年間《ねんかん》にわたる勅撰和歌集《ちょくせんわかしゅう》からの歌《うた》が選《えら》ばれています。100人《にん》の歌人《かじん》は、男性《だんせい》79人《にん》、女性《じょせい》21人《にん》で、男性《だんせい》のうち13人《にん》が僧《そう》です。

歌《うた》の内容《ないよう》からは春《はる》、夏《なつ》、秋《あき》、冬《ふゆ》、恋《こい》、雑《ぞう》などに分《わ》けられますが、最《もっと》も多《おお》いのは恋《こい》の歌《うた》で、43首《しゅ》が選《えら》ばれています。定家《さだいえ》は、恋《こい》の歌《うた》を好《この》んだのかもしれません。

春《はる》	6首《しゅ》	雑《ぞう》	20首《しゅ》
夏《なつ》	4首《しゅ》	恋《こい》	43首《しゅ》
秋《あき》	16首《しゅ》	離別《りべつ》	1首《しゅ》
冬《ふゆ》	6首《しゅ》	旅《たび》	4首《しゅ》

ミニ情報
藤原定家《ふじわらのさだいえ》は、101人《にん》の歌人《かじん》の101首《しゅ》を集《あつ》めた「百人秀歌《ひゃくにんしゅうか》」も選《えら》んでいる。「百人秀歌《ひゃくにんしゅうか》」のうち、97首《しゅ》は「小倉百人一首《おぐらひゃくにんいっしゅ》」と共通《きょうつう》であり、「百人秀歌《ひゃくにんしゅうか》」をもとに後《のち》の人《ひと》が手《て》を加《くわ》えたとする説《せつ》もある。

小倉百人一首《おぐらひゃくにんいっしゅ》の名歌《めいか》

「小倉百人一首《おぐらひゃくにんいっしゅ》」は、名高《なだか》い歌人《かじん》の藤原定家《ふじわらのさだいえ》が選《えら》んだことから、和歌《わか》のお手本《てほん》とされ、歌《うた》の意味《いみ》や技巧《ぎこう》を解説《かいせつ》する本《ほん》が書《か》かれました。江戸時代《えどじだい》には、かるた遊《あそ》びと結《むす》びついて、多《おお》くの人《ひと》に親《した》しまれました。

左《ひだり》は、江戸時代《えどじだい》につくられた小倉百人一首《おぐらひゃくにんいっしゅ》のかるた（復刻《ふっこく》）。

夜《よ》をこめて鳥《とり》のそら
音《ね》ははかるとも
よに逢坂《おうさか》の関《せき》はゆる
さじ
清少納言《せいしょうなごん》

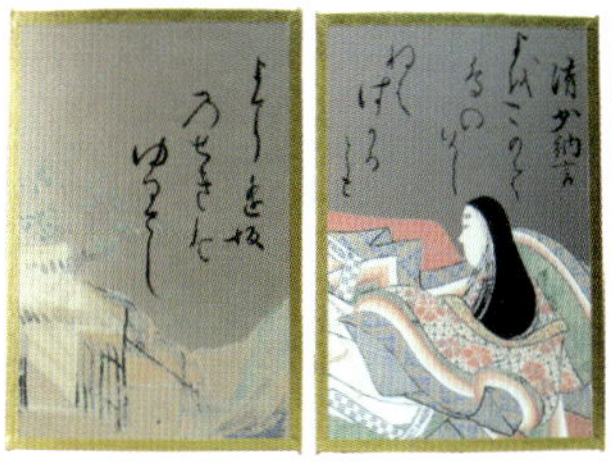
大石天狗堂

朝《あさ》ぼらけ有明《ありあけ》の月《つき》と
見《み》るまでに
吉野《よしの》の里《さと》に降《ふ》れる白《しら》
雪《ゆき》
坂上是則《さかのうえのこれのり》

村雨《むらさめ》のつゆもまだ干《ひ》
ぬまきの葉《は》に
きり立《た》ちのぼる秋《あき》の
夕暮《ゆうぐれ》
寂蓮法師《じゃくれんほうし》

春過《はるす》ぎて夏来《なつき》にけらし白妙《しろたえ》の
衣《ころも》ほすてふ《（ちょう）》天《あま》の香具山《かぐやま》
持統天皇《じとうてんのう》

現代語訳 春《はる》が過《す》ぎて、夏《なつ》がやってきた。夏《なつ》に白《しろ》い衣《ころも》を干《ほ》すという香久山《かぐやま》でわかる。

ちはやぶる神代《かみよ》もきかず竜田川《たつたがわ》
からくれなゐ《（い）》に水《みず》くくるとは
在原業平《ありわらのなりひら》

現代語訳 前代未聞《ぜんだいみもん》のことだ。紅葉《こうよう》が竜田《たつた》川《がわ》をしぼり染《ぞ》めのようにいろどるとは。

めぐりあひ《（い）》て見《み》しやそれともわかぬ間《ま》に
雲《くも》がくれにし夜半《よわ》の月《つき》かな
紫式部《むらさきしきぶ》

現代語訳 久《ひさ》しぶりに会《あ》えたのに、雲《くも》にかくれる月《つき》のようにお帰《かえ》りになってしまった。

さびしさに宿《やど》を立《た》ち出《い》でてながむれば
いづ《（ず）》こも同《おな》じ秋《あき》の夕暮《ゆうぐ》れ
良暹法師《りょうせんほうし》

現代語訳 さびしさから家《いえ》を出《で》て見《み》わたすと、どこもさびしい秋《あき》の夕暮《ゆうぐ》れだ。

忍《しの》ぶれど色《いろ》にいでにけりわが恋《こい》は
ものや思《おも》ふ《（う）》と人《ひと》の問《と》ふ《（う）》まで
平兼盛《たいらのかねもり》

現代語訳 かくしていた恋心《こいごころ》が出《で》てしまった。「もの思《おも》いしている」と聞《き》かれるほどに。

恋《こい》すてふ《（ちょう）》わが名《な》はまだきたちにけり
人《ひと》しれずこそ思《おも》ひ《（い）》そめしか
壬生忠見《みぶのただみ》

現代語訳 恋《こい》しているとうわさになってしまった。ひそかに思《おも》い始《はじ》めたばかりなのに。

平兼盛《たいらのかねもり》と壬生忠見《みぶのただみ》の歌《うた》は、「恋《こい》」をテーマにした「題詠《だいえい》」の歌《うた》で、歌《うた》のできを競《きそ》う歌合《うたあわせ》でつくられたもの。勝《か》ったのは平兼盛《たいらのかねもり》で、負《ま》けた壬生忠見《みぶのただみ》はショックのあまり死《し》んでしまったという。

百人一首《ひゃくにんいっしゅ》の競技会《きょうぎかい》

小倉百人一首《おぐらひゃくにんいっしゅ》を使《つか》ったかるた遊《あそ》びは、和歌《わか》の下《しも》の句《く》（後半《こうはん》の七七《しちしち》）を書《か》いた取《と》り札《ふだ》を散《ち》らしておき、上《かみ》の句《く》（前半《ぜんはん》の五七五《ごしちご》）を読《よ》み上《あ》げてすばやく取《と》ることを競《きそ》います。明治時代以降《めいじじだいいこう》には、競技会《きょうぎかい》も開《ひら》かれています。

提供：一般社団法人全日本かるた協会

百人一首《ひゃくにんいっしゅ》の競技会《きょうぎかい》の様子《ようす》（2025年《ねん》）。1対《たい》1で対戦《たいせん》し、どちらが早《はや》く持《も》ち札《ふだ》をなくすかを競《きそ》う。勝《か》ちぬくには、記憶力《きおくりょく》のほか、体力《たいりょく》も必要《ひつよう》とされる。

ミニ情報 百人一首《ひゃくにんいっしゅ》を用《もち》いるかるた遊《あそ》びでは、読《よ》み札《ふだ》（上《かみ》の句《く》）の何字《なんじ》かを読《よ》まないと、別《べつ》の歌《うた》との区別《くべつ》がつかないものがある。ただし、「む・す・め・ふ・さ・ほ・せ」で始《はじ》まる歌《うた》は1首《しゅ》ずつしかない。

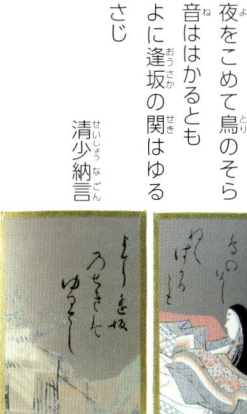

和《わ》歌《か》の技《ぎ》巧《こう》を探《たん》検《けん》！

31文字《もじ》という短《みじか》い歌《うた》に思《おも》いをじゅうぶんにこめるために、和《わ》歌《か》には、さまざまな技巧《ぎこう》がこらされています。

枕詞《まくらことば》

ある決《き》まった言葉《ことば》を導《みちび》き出《だ》すために置《お》かれる、かざりのような言葉《ことば》です。ほとんどの枕詞《まくらことば》は5音《おん》です。枕詞《まくらことば》そのものには意味《いみ》はありません。

あかねさす→日《ひ》、照《て》る　など
あしひ(び)きの→山《やま》
からころも→着《き》る、そで　など
たらちねの→母《はは》
ちはやぶる→神《かみ》
ぬばたまの→夜《よる》　など
ひさかたの→光《ひかり》、空《そら》　など
やくもたつ→出雲《いづも》

序詞《じょことば》

ある言葉《ことば》を導《みちび》くために前《まえ》に置《お》く言葉《ことば》です。枕詞《まくらことば》より長《なが》く、複雑《ふくざつ》な表現《ひょうげん》をしています。枕詞《まくらことば》と異《こと》なり、自由《じゆう》につくることができます。

あしびきの山鳥《やまどり》の尾《お》のしだり尾《お》の
長々《ながなが》し夜《よ》をひとりかも寝《ね》む

「あしびきの～しだり尾《お》の」の前半《ぜんはん》3句《く》が、「山鳥《やまどり》のたれさがった尾《お》のように」という意味《いみ》で、次《つぎ》の「長々《ながなが》し＝長《なが》い長《なが》い」を導《みちび》いている。

住《すみ》の江《え》の岸《きし》に寄《よ》る波《なみ》よるさへ(え)や
夢《ゆめ》の通《かよ》ひ(い)路人《じひと》目《め》よくらむ

前半《ぜんはん》の「住《すみ》の江《え》の岸《きし》に寄《よ》る波《なみ》」の部分《ぶぶん》が、「寄《よ》る」と同《おな》じ音《おと》の「夜《よる》」を導《みちび》いている。同《おな》じ発音《はつおん》の言葉《ことば》でつながる序詞《じょことば》の例《れい》。

掛詞《かけことば》

同《おな》じ発音《はつおん》で2つ以上《いじょう》の意味《いみ》をもつ同音異義語《どうおんいぎご》を用《もち》いて、ひとつの言葉《ことば》に複数《ふくすう》の意味《いみ》をもたせる技巧《ぎこう》です。歌《うた》に複雑《ふくざつ》な内容《ないよう》をよみこむことができます。

大江山《おおえやま》いくのの道《みち》の遠《とお》ければ
まだふみも見《み》ず天橋立《あまのはしだて》

（いくの：行《い》く野《の》・生野《いくの》）
（ふみ：踏《ふ》み・文《ふみ》）

解説 地名《ちめい》の「生野《いくの》」の「いく」と「行《い》く」という意味《いみ》をもたせる。また、「ふみ」には、「(母《はは》からの)文《ふみ》＝手紙《てがみ》」と「踏《ふ》む(天《あま》の橋立《はしだて》の地《ち》に踏《ふ》み入《い》っていない)」という意味《いみ》をもたせる。

縁語《えんご》

意味《いみ》が関係《かんけい》するいくつかの言葉《ことば》を読《よ》みこむ技巧《ぎこう》です。意味《いみ》が関係《かんけい》する言葉《ことば》をいくつも使《つか》うことで連想《れんそう》を広《ひろ》げ、味《あじ》わいを深《ふか》めます。掛詞《かけことば》と組《く》み合《あ》わせて用《もち》いることが多《おお》い技巧《ぎこう》です。

そでひちてむすびし水《みず》のこほ(お)れるを
春《はる》立《た》つけふ(きょう)の風《かぜ》やとくらむ(ん)

解説 「そで」、「むすぶ」、「はる」、「たつ」、「とく」は、衣《い》服《ふく》に関係《かんけい》する言葉《ことば》。「張《は》る」と「春《はる》」、「裁《た》つ」と「立《た》つ」が掛詞《かけことば》にもなっている。

ミニ情報 伝統的《でんとうてき》に和歌《わか》でよくよまれている地名《ちめい》を「歌枕《うたまくら》」という。白河《しらかわ》の関《せき》、水無瀬川《みなせがわ》、天《あま》の橋立《はしだて》など、歌《うた》枕《まくら》は全国各地《ぜんこくかくち》にある。竜田川《たつたがわ》なら紅葉《こうよう》というように、決《き》まったイメージと結《むす》びつくことが多《おお》い。

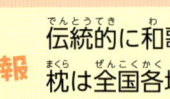

本歌取《ほんかど》り

よく知《し》られた和歌《わか》をふまえて、新《あたら》しい歌《うた》をよむ技巧《ぎこう》です。もとにする歌《うた》を「本歌《ほんか》」といいます。本歌《ほんか》に、新《あたら》しく見《み》いだしたイメージを重《かさ》ねることで、厚《あつ》みのある感動《かんどう》をつくる効果《こうか》があります。

本歌《ほんか》

心《こころ》あらむ《(ん)》人《ひと》にみせばや津《つ》の国《くに》の
難波《なにわ》あたりの春《はる》の景色《けしき》を

現代語訳 おもむきをよくわかっている人《ひと》に見《み》せてあげたいものだ。津《つ》の国《くに》の難波《なにわ》あたりの春《はる》の景色《けしき》のすばらしさを。

津《つ》の国《くに》の難波《なにわ》の春《はる》は夢《ゆめ》なれや
葦《あし》の枯《かれ》葉《は》に風《かぜ》渡《わた》るなり

現代語訳 津《つ》の国《くに》の難波《なにわ》あたりの春《はる》の景色《けしき》がすばらしいというのは、夢《ゆめ》だったのだなあ。あしがかれ葉《は》となり、風《かぜ》がふき過《す》ぎていくよ。

解説 津《つ》の国《くに》の難波付近《なにわふきん》の景色《けしき》がすばらしいことをよんだ本歌《ほんか》に対《たい》して、「今見《いまみ》ている風景《ふうけい》は、冬《ふゆ》の寒々《さむざむ》としたもので、そのすばらしさは夢《ゆめ》のように思《おも》える」と、新《あたら》しいイメージをよみこんでいる。

折《お》り句《く》

決《き》められた言葉《ことば》を、和歌《わか》の5つの句《く》のそれぞれの頭《あたま》の文字《もじ》として使《つか》って歌《うた》をよむ技巧《ぎこう》です（句《く》の終《お》わりや、句《く》の頭《あたま》と終《お》わりの両方《りょうほう》の場合《ばあい》もある）。

からころもきつつなれにしつましあれば
はるばるきぬるたびをしぞ思《おも》ふ《(う)》

解説 「かきつはた＝かきつばた」という花《はな》の名前《なまえ》」の5つの文字《もじ》を各句《かくく》の頭《あたま》に使《つか》って歌《うた》をよんでいる。「からころも」は枕詞《まくらことば》。また、「着《き》る」、「つま」、「張《は》る」など、衣服《いふく》に関係《かんけい》する縁語《えんご》も用《もち》いている。

体言止《たいげんど》め

歌《うた》の終《お》わりを体言《たいげん》（名詞《めいし》）で止《と》めて、余韻《よいん》を感《かん》じさせます。

さびしさはその色《いろ》としもなかりけり
まき立《た》つ山《やま》の秋《あき》の夕暮《ゆうぐれ》

解説 「秋《あき》のさびしさは、目《め》に見《み》えるものではなく、木々《きぎ》がしげる山《やま》の夕暮《ゆうぐ》れの光景《こうけい》で感《かん》じる」という意味《いみ》です。「秋《あき》の夕暮《ゆうぐれ》」と体言止《たいげんど》めにすることで、秋《あき》のわびしさを余韻《よいん》をもたせて表《あらわ》しています。

ミニ情報 物名《もののな》（「ぶつめい」ともいう）といって、歌《うた》の中《なか》に、ある言葉《ことば》を入《い》れる技巧《ぎこう》がある。「秋近《あきちこ》う野《の》はなりにけり～」という歌《うた》には、「きちこうの花《はな》（＝桔梗《ききょう》）」という言葉《ことば》がかくされている。

近代《きんだい》の短歌《たんか》を楽《たの》しもう！

和歌《わか》の伝統《でんとう》は長《なが》く受《う》けつがれました。明治時代《めいじじだい》には、正岡《まさおか》子規《しき》が新《あたら》しい和歌《わか》の技法《ぎほう》を提唱《ていしょう》し、和歌《わか》の表現《ひょうげん》のしかたが変《か》わりました。

正岡《まさおか》子規《しき》

出典：国立国会図書館「近代日本人の肖像」
(https://www.ndl.go.jp/portrait/)

1867～1902年《ねん》。明治時代《めいじじだい》に活《かつ》やくした歌人《かじん》・俳人《はいじん》。『歌《うた》よみに与《あた(う)》ふる書《しょ》』で、平安時代《へいあんじだい》の『古今和歌集《こきんわかしゅう》』の歌《うた》のように技巧《ぎこう》の多《おお》い歌《うた》より、見《み》たままをよむ写《しゃ》生《せい》の短歌《たんか》をよむべきだと主張《しゅちょう》しました。

瓶《かめ》にさす藤《ふじ》の花《はな》ぶささみじかければ
たたみの上《うえ》にとどかざりけり

意味 かめにさしてある藤《ふじ》の花《はな》が美《うつく》しくさき、たれさがっている。だが、その花《はな》ぶさが短《みじか》いので、もう少《すこ》しのところでたたみに届《とど》かない。ねたきりになった作者《さくしゃ》が、その姿勢《しせい》で見《み》た様子《ようす》をよんだもの。ねている姿勢《しせい》だからこそ見《み》ることのできた様子《ようす》を新《あたら》しいと感《かん》じてよんでいる。

石川《いしかわ》啄木《たくぼく》

出典：国立国会図書館「近代日本人の肖像」
(https://www.ndl.go.jp/portrait/)

1886～1912年《ねん》。明治時代《めいじじだい》に活《かつ》やくした詩人《しじん》・歌人《かじん》。小説家《しょうせつか》をめざしましたが、はたせませんでした。生活《せいかつ》に苦《くる》しむなかで、実生活《じっせいかつ》からくる気持《きも》ちを、日《にち》常《じょう》の言葉《ことば》でよんだ和歌《わか》をつくりました。

はたらけどはたらけど猶《なお》
わが生活《くらし》楽《らく》にならざり
ぢ《(じ)》つ《(つ)》と手《て》を見《み》る

意味 働《はたら》いても働《はたら》いても、自分《じぶん》の暮《く》らしは一向《いっこう》に楽《らく》にならない。自分《じぶん》の手《て》をじっと見《み》つめている。

たは《(わ)》むれに母《はは》を背負《せお》ひ《(い)》て
そのあまり軽《かろ》きに泣《な》きて
三歩《さんぽ》あゆまず

意味 ちょっとした遊《あそ》び心《ごころ》から、年《とし》をとった母親《ははおや》を背《せ》負《お》ってみた。その軽《かる》さから、これまで母《はは》にかけてきた苦《く》労《ろう》が思《おも》われる。泣《な》いてしまって、三歩《さんぽ》も歩《ある》けない。

ミニ情報 正岡子規《まさおかしき》は、若《わか》くして病《やまい》にたおれ、晩年《ばんねん》はほとんど病床《びょうしょう》にあった。22歳《さい》のとき血《ち》をはき、「鳴《な》いて血《ち》をはくホトトギス」といわれることから、ホトトギスを意味《いみ》する子規《しき》という名《な》をつけたという。

与謝野晶子《よさのあきこ》

1878～1942年《ねん》。明治《めいじ》～昭和時代《しょうわじだい》に活《かつ》やくした歌人《かじん》・詩人《しじん》。女学校《じょがっこう》の学生《がくせい》のころから古典《こてん》に親《した》しみ、卒業後《そつぎょうご》は、雑誌《ざっし》に短歌《たんか》を投《とう》稿《こう》しました。歌人《かじん》の与謝野鉄幹《よさのてっかん》と結婚《けっこん》し、12人《にん》の子《こ》どもを育《そだ》てました。情熱的《じょうねつてき》な歌《うた》で知《し》られています。歌集《かしゅう》『みだれ髪《がみ》』を刊行《かんこう》しました。

出典：国立国会図書館「近代日本人の肖像」
(https://www.ndl.go.jp/portrait/)

清水《きよみず》へ祇園《ぎおん》をよぎる桜月夜《さくらづきよ》
こよひ《（い）》逢《あ》ふ《（う）》人《ひと》みなうつくしき

意味 （京都《きょうと》で）清水《きよみず》に行《い》こうと祇園《ぎおん》を通《とお》り過《す》ぎると、おぼろ月夜《づきよ》にさくらがさきほこっている。今夜出会《こんやであ》う人《ひと》たちは、だれもが美《うつく》しく見《み》えたことだ。

鎌倉《かまくら》や御仏《みほとけ》なれど釈迦牟尼《しゃかむに》は
美男《びなん》におは《（わ）》す夏木立《なつこだち》かな

意味 ああ、鎌倉《かまくら》だなあ。鎌《かま》倉《くら》にある大仏《だいぶつ》は、とうとい仏《ほとけ》様《さま》（釈迦牟尼仏《しゃかむにぶつ》）ではあるが、男前《おとこまえ》でいらっしゃる。木々《きぎ》の緑色《みどりいろ》が目《め》に映《は》える夏《なつ》の木《こ》立《だち》の中《なか》にあって。ありがたい大仏《だいぶつ》を美男《びなん》と表現《ひょうげん》したことは、批判《ひはん》をあびることでもあったが、素直《すなお》な気持《きも》ちを表《あらわ》している。

若山牧水《わかやまぼくすい》

1885～1928年《ねん》。明治《めいじ》～昭和時《しょうわじ》代《だい》に活《かつ》やくした歌人《かじん》。中学時代《ちゅうがくじだい》から歌《うた》をつくり、雑誌《ざっし》に投稿《とうこう》しました。旅《たび》と酒《さけ》とさくらを好《この》んだ歌人《かじん》です。歌集《かしゅう》『海《うみ》の声《こえ》』などを刊行《かんこう》しました。

出典：国立国会図書館「近代日本人の肖像」
(https://www.ndl.go.jp/portrait/)

白鳥《しらとり》はかなしからずや空《そら》の青《あお》
海《うみ》のあを《（お）》にも染《そ》まずただよふ《（う）》

意味 あの白《しろ》い鳥《とり》は悲《かな》しくないのだろうか。空《そら》の青《あお》さにも海《うみ》の青《あお》さにも染《そ》まらずにただよっていて。

斎藤茂吉《さいとうもきち》

1882～1953年《ねん》。明治《めいじ》～昭和時《しょうわじ》代《だい》に活《かつ》やくした歌人《かじん》。大学卒業後《だいがくそつぎょうご》、精神《せいしん》科《か》の医師《いし》として、病院長《びょういんちょう》を勤《つと》めながら歌《うた》をつくりました。母《はは》の死《し》をよんだ「死《し》にたまふ母《はは》」などを収《おさ》めた歌集《かしゅう》『赤光《しゃっこう》』などを刊行《かんこう》しました。作家《さっか》、北杜夫《きたもりお》の父《ちち》です。

出典：国立国会図書館「近代日本人の肖像」
(https://www.ndl.go.jp/portrait/)

死《し》に近《ちか》き母《はは》に添寝《そいね》のしんしんと
遠田《とおだ》のかは《（わ）》づ《（ず）》天《てん》に聞《きこ》ゆる

意味 死《し》がせまっている母《はは》に添《そ》い寝《ね》をしていると、遠《とお》くの水田《すいでん》で鳴《な》くかえるの声《こえ》が天《てん》にのぼっていくように聞《き》こえる。

ミニ情報 与謝野晶子《よさのあきこ》は、短歌以外《たんかいがい》にも多彩《たさい》な活動《かつどう》をしている。日露戦争《にちろせんそう》に出征《しゅっせい》した弟《おとうと》を思《おも》う反戦詩《はんせんし》「君死《きみし》にたまふ《（も）（う）》こと勿《なか》れ」の発表《はっぴょう》や、『源氏物語《げんじものがたり》』の現代語訳《げんだいごやく》などが知《し》られている。

和歌《わか》を鑑賞《かんしょう》しよう！

和歌《わか》（短歌《たんか》）にはさまざまな情景《じょうけい》や気持《きも》ちがよみこまれています。つくられた時代《じだい》のちがう和歌《わか》（短歌《たんか》）を鑑賞《かんしょう》して、味《あじ》わってみましょう。

恋《こい》の歌《うた》

紫《むらさき》のにほ《(お)》へ《(え)》る妹《いも》をにくくあらば
人妻《ひとづま》ゆゑ《(え)》にわれ恋《こい》ひ《(い)》めやも

大海人皇子《おおあまのおうじ》

現代語訳　恋人《こいびと》である額田王《ぬかたのおおきみ》の歌《うた》（↓8ページ）への返歌《へんか》。あなたのことをにくいと思《おも》っていたら、人妻《ひとづま》であるあなたのことを恋《こい》するでしょうか。

思《おも》いつつ寝《ぬ》ればや人《ひと》の見《み》えつらむ《(ん)》
夢《ゆめ》と知《し》りせばさめざらましを

小野小町《おののこまち》

現代語訳　恋《こい》する人《ひと》を思《おも》って寝《ね》たので夢《ゆめ》に見《み》たのだろうか。夢《ゆめ》とわかったなら、さめないでほしかったのに。

寄《よ》せ返《かえ》す波《なみ》のしぐさの優《やさ》しさに
いつ言《い》われてもいいさようなら

俵万智《たわらまち》『サラダ記念日《きねんび》』

旅《たび》の歌《うた》

天離《あまざか》る鄙《ひな》の長道《ながじ》ゆ恋《こ》ひ《(い)》来《く》れば
明石《あかし》の門《と》より大和島《やまとしま》見《み》ゆ

柿本人麻呂《かきのもとのひとまろ》

現代語訳　都《みやこ》から遠《とお》くはなれたいなかの長《なが》い道《みち》を、恋《こい》しく思《おも》いながら歩《ある》いてくると、明石海峡《あかしかいきょう》から都《みやこ》のある大和《やまと》（奈良県《ならけん》）の山々《やまやま》が見《み》えてきた。

名《な》にし負《お》はば《(わ)》いざ言問《こと》は《(わ)》む《(ん)》都鳥《みやこどり》
わが思《おも》ふ《(う)》人《ひと》はありやなしやと

在原業平《ありわらのなりひら》

現代語訳　（旅《たび》をしていた作者《さくしゃ》が、関東《かんとう》の地《ち》に着《つ》き、都鳥《みやこどり》を見《み》て）。都鳥《みやこどり》という名前《なまえ》がついているのならば、おまえに都《みやこ》のことをたずねよう。私《わたし》の思《おも》いしたっている人《ひと》は元気《げんき》でいるのかいないのかと。

だいじょうぶ急《いそ》ぐ旅《たび》ではないのだし
急《いそ》いでないし旅《たび》でもないし

宇都宮敦《うつのみやあつし》『ピクニック』

歌《うた》をおくって気持《きも》ちを伝《つた》える

平安時代《へいあんじだい》の貴族《きぞく》たちは、ふだん出会《であ》うことはほとんどなく、気《き》になる女性《じょせい》がいると、男性《だんせい》から歌《うた》をよんだ文《ふみ》（手紙《てがみ》）をおくり、交際《こうさい》を申《もう》しこみました。女性《じょせい》はこれに歌《うた》で答《こた》え、たがいに気《き》に入《い》ると、恋《こい》の歌《うた》のやりとりになりました。歌《うた》からは人柄《ひとがら》や教養《きょうよう》が感《かん》じられるので、すてきな歌《うた》をよめることが求《もと》められました。

ミニ情報　平安時代《へいあんじだい》には、「夢《ゆめ》にだれかが現《あらわ》れるのは、その人《ひと》が自分《じぶん》のことを思《おも》っているから」と考《かんが》えられていた。寝《ね》るときに衣《ころも》を裏返《うらがえ》して着《き》て寝《ね》ると、好《す》きな人《ひと》が夢《ゆめ》に現《あらわ》れるというおまじないもあった。

亡《な》くなった人《ひと》をいたむ歌《うた》

今《いま》よりは秋風寒《あきかぜさむ》く吹《ふ》きなむ《(ん)》を
いかにか独《ひと》り長《なが》き夜《よ》を寝《ね》む《(ん)》

大伴家持《おおとものやかもち》

現代語訳 これからは、秋風《あきかぜ》が冷《つめ》たくふくことでしょう。そんなころに、あなたを亡《な》くした私《わたし》は、どうやってひとりの長《なが》い夜《よる》を過《す》ごせばよいのでしょうか。

いかでわれ今宵《こよい》の月《つき》を身《み》にそへ《(え)》て
死出《しで》の山路《やまじ》の人《ひと》を照《て》らさん

西行《さいぎょう》

現代語訳 私《わたし》は、どうにかして今夜《こんや》の月《つき》を身《み》にそえて、死《し》んでしまった人《ひと》がこえる山道《やまみち》を照《て》らそうと思《おも》う。

うらうらと天《てん》に雲雀《ひばり》は啼《な》きのぼり
雪斑《ゆきはだ》らなる山《やま》に雲《くも》ゐ《(い)》るず

斎藤茂吉《さいとうもきち》

現代語訳 うららかにひばりが天高《てんたか》く鳴《な》きのぼる。雪《ゆき》がまだらに残《のこ》っている山《やま》には雲《くも》はない。

季節《きせつ》や自然《しぜん》を感《かん》じる歌《うた》

春《はる》の苑紅《そのくれない》にほ《(お)》ふ《(う)》桃《もも》の花《はな》
下照《したで》る道《みち》に出《い》で立《た》つ少女《おとめ》

大伴家持《おおとものやかもち》

現代語訳 春《はる》の庭《にわ》で、桃《もも》の花《はな》があかあかとさきほこっている。その赤《あか》さが、下《した》にある道《みち》に照《て》りかがやいている。そして、その道《みち》に美《うつく》しいおとめがたたずんでいる。

女郎花《おみなえし》ふきすぎてくる秋風《あきかぜ》は
目《め》には見《み》えねど香《か》こそしるけれ

凡河内躬恒《おおしこうちのみつね》

現代語訳 おみなえしの花《はな》をふきすぎてくる秋《あき》の風《かぜ》は、目《め》には見《み》えないけれど、その香《かお》りではっきりとわかる。

いそのかみふるきみやこの郭公《ほととぎす》
声《こえ》ばかりこそ昔《むかし》なりけれ

素性法師《そせいほうし》

現代語訳 石上《いそのかみ》（奈良《なら》県《けん》）の古都《こと》で夏《なつ》に鳴《な》くほととぎすの声《こえ》だけは昔《むかし》と変《か》わりがない。ほかのものはすっかり変《か》わったけれど。

田子《たご》の浦《うら》ゆうち出《い》でて見《み》れば真白《ましろ》にそ
不尽《ふじ》の高嶺《たかね》に雪《ゆき》は降《ふ》りける

山部赤人《やまべのあかひと》

現代語訳 田子《たご》の浦《うら》の海岸《かいがん》（静岡県《しずおかけん》）に出《で》てながめると、高《たか》い富士山《ふじさん》のいただきに白《しろ》い雪《ゆき》が降《ふ》っているのが見《み》える。

白玉《しらたま》の歯《は》にしみとほ《(お)》る秋《あき》の夜《よ》の
酒《さけ》はしづ《(ず)》かに飲《の》むべかりけり

若山牧水《わかやまぼくすい》

現代語訳 白《しろ》い玉《たま》のように美《うつく》しく、歯《は》にしみる秋《あき》の夜《よ》の酒《さけ》は、しみじみと静《しず》かに飲《の》みたいものだなあ。

体温計《たいおんけい》くわえて窓《まど》に額《ひたい》つけ
「ゆひら」とさわぐ雪《ゆき》のことかよ

穂村弘《ほむらひろし》

ミニ情報 死者《ししゃ》をいたむ内容《ないよう》の歌《うた》を「挽歌《ばんか》」という。『万葉集《まんようしゅう》』では、3つの大《おお》きな分類《ぶんるい》（部立《ぶだて》）のひとつをしめている。高市皇子《たけちのみこ》が亡《な》くなったときに柿本人麻呂《かきのもとのひとまろ》がよんだ挽歌《ばんか》は『万葉集《まんようしゅう》』で最《もっと》も長《なが》い長歌《ちょうか》。

連歌《れんが》

連歌《れんが》は、鎌倉時代《かまくらじだい》から室町時代《むろまちじだい》に流行《りゅうこう》した形式《けいしき》の歌《うた》です。後《のち》の俳句《はいく》のもとにもなりました。

連歌《れんが》の歴史《れきし》は？

短歌《たんか》の上《かみ》の句《く》(五《ご》・七《しち》・五《ご》)と下《しも》の句《く》(七《しち》・七《しち》)を二人《ふたり》でよむこと(連歌《れんが》)は古《ふる》くから行《おこな》われ、『万葉集《まんようしゅう》』にもその例《れい》が見《み》られます。平安時代後期《へいあんじだいこうき》には、これを3句以上続《いじょうつづ》けてよむようになりました。鎌倉時代《かまくらじだい》には、これを百句続《ひゃっくつづ》ける形式《けいしき》が起《お》こり、連歌《れんが》の基本的《きほんてき》な形式《けいしき》が決《き》まりました。室町時代《むろまちじだい》には、公家《くげ》や武士《ぶし》、庶民《しょみん》の間《あいだ》で連歌《れんが》が流行《りゅうこう》し、連歌《れんが》を専門《せんもん》にする連歌師《れんがし》も現《あらわ》れました。

連歌《れんが》の会《かい》の様子《ようす》。

短歌《たんか》の上《かみ》の句《く》と下《しも》の句《く》を交互《こうご》によむ

連歌《れんが》は、短歌《たんか》の上《かみ》の句《く》（五《ご》・七《しち》・五《ご》）に別《べつ》の人《ひと》が下《しも》の句《く》（七《しち》・七《しち》）をつけ、次《つぎ》はその句《く》に上《かみ》の句《く》をつけというのをくり返《かえ》す形式《けいしき》で進《すす》みます。百《ひゃく》を基本《きほん》のまとまりとします。

第一句《だいいっく》＝発句《ほっく》

雪《ゆき》ながら山《やま》もとかすむ夕《ゆうべ》かな

意味　山《やま》にはまだ雪《ゆき》が残《のこ》っているが、そのふもとには夕方《ゆうがた》、春《はる》のかすみがたなびいている。なんとおもむきのあることだろうか。

第二句《だいにく》＝脇句《わきく》

行《い》く水《みず》とほ《(お)》く梅《うめ》にほ《(お)》ふ《(う)》里《さと》

意味　川《かわ》を行《い》く水《みず》は遠《とお》くまで流《なが》れ、里《さと》には梅《うめ》のよいかおりがしている。

第三句《だいさんく》＝脇句《わきく》

川《かわ》かぜに一《ひと》むら柳《やなぎ》春《はる》見《み》えて

意味　川《かわ》をふく風《かぜ》にやなぎの枝《えだ》が束《たば》になってゆれ、春《はる》らしさが見《み》えている。

……

第百句《だいひゃっく》＝挙句《あげく》

人《ひと》をおしなべ道《みち》ぞ正《ただ》しき

意味　乱《みだ》れた世《よ》にあっても、正《ただ》しい(政治《せいじ》の)道《みち》があるものだ。

百句目《ひゃっくめ》の句《く》を「挙句《あげく》（または揚句《あげく》）」という。現在《げんざい》も使《つか》う「あげ句《く》の果《は》て」という言葉《ことば》の「あげ句《く》」はここから来《き》ている。

ミニ情報　宗祇《そうぎ》の『水無瀬三吟百韻《みなせさんぎんひゃくいん》』（→ 21 ページ）は、承久《じょうきゅう》の乱《らん》で敗《やぶ》れて島流《しまなが》しになった後鳥羽天皇《ごとばてんのう》をまつる水無瀬神宮《みなせじんぐう》に奉納《ほうのう》された。後鳥羽天皇《ごとばてんのう》が亡《な》くなって 250 年《ねん》の命日《めいにち》だった。

現在行《げんざいおこな》われている連歌《れんが》の会《かい》の様子《ようす》(今井祇園連歌《いまいぎおんれんが》の会《かい》)　写真：毎日新聞社／アフロ

連歌《れんが》で名高《なだか》い人々《ひとびと》

二条良基《にじょうよしもと》

1320～1388年《ねん》。鎌倉時代《かまくらじだい》～室町時代《むろまちじだい》の歌人《かじん》。摂政《せっしょう》、関白《かんぱく》も務《つと》めました。連歌集《れんがしゅう》『菟玖波集《つくばしゅう》』を編《へん》さんしました。連歌論《れんがろん》を述《の》べた『筑波問答《つくばもんどう》』を著《あらわ》し、連歌《れんが》を大成《たいせい》しました。能《のう》の世阿弥《ぜあみ》に古典《こてん》の教養《きょうよう》を教《おし》えたことでも知《し》られます。

宗祇《そうぎ》

1421～1502年《ねん》。姓《せい》を飯尾《いいお》という説《せつ》もあります。室町時代《むろまちじだい》の連歌《れんが》師《し》。和歌《わか》と連歌《れんが》を学《まな》び、弟子《でし》とともに『水無瀬三吟百韻《みなせさんぎんひゃくいん》』をよみました。何度《なんど》も旅《たび》をして連歌《れんが》を地方《ちほう》に伝《つた》えました。

現在《げんざい》も行《おこな》われている連歌《れんが》の会《かい》

福岡県行橋市元永《ふくおかけんゆくはししげんえい》の須佐神社《すさじんじゃ》では、新年《しんねん》を祝《いわ》う行事《ぎょうじ》として連歌会《れんがかい》が開《ひら》かれ、よんだ連歌《れんが》を神社《じんじゃ》に奉納《ほうのう》する伝《でん》統《とう》が室町時代《むろまちじだい》から続《つづ》いています。

また、インターネットを通《とお》して、SNS《エスエヌエス》などで連歌《れんが》をよみつぐ企画《きかく》も行《おこな》われています。

おもしろそう。
やってみたいな。

ミニ情報

宗祇《そうぎ》は、生《しょう》がいにわたって各地《かくち》を旅《たび》し、旅《たび》の途中《とちゅう》で生《しょう》がいを終《お》えた。後《のち》の芭蕉《ばしょう》は、宗祇《そうぎ》を西行《さいぎょう》と並《なら》べて、尊敬《そんけい》する人物《じんぶつ》としてあげている。

第《だい》2章《しょう》

俳《はい》句《く》

短《みじか》い言葉《ことば》でさまざまな情景《じょうけい》や気持《きも》ちを表現《ひょうげん》する詩《し》が俳句《はいく》です。

すてきは俳句《はいく》をつくりたいな。

有名《ゆうめい》な俳句《はいく》もあるよね。

クイズ1

「おくの細道《ほそみち》」の作者《さくしゃ》であり、俳句《はいく》を芸術《げいじゅつ》に高《たか》めたとされるのはだれ？

28ページを見《み》よう。

1 夏目漱石《なつめそうせき》

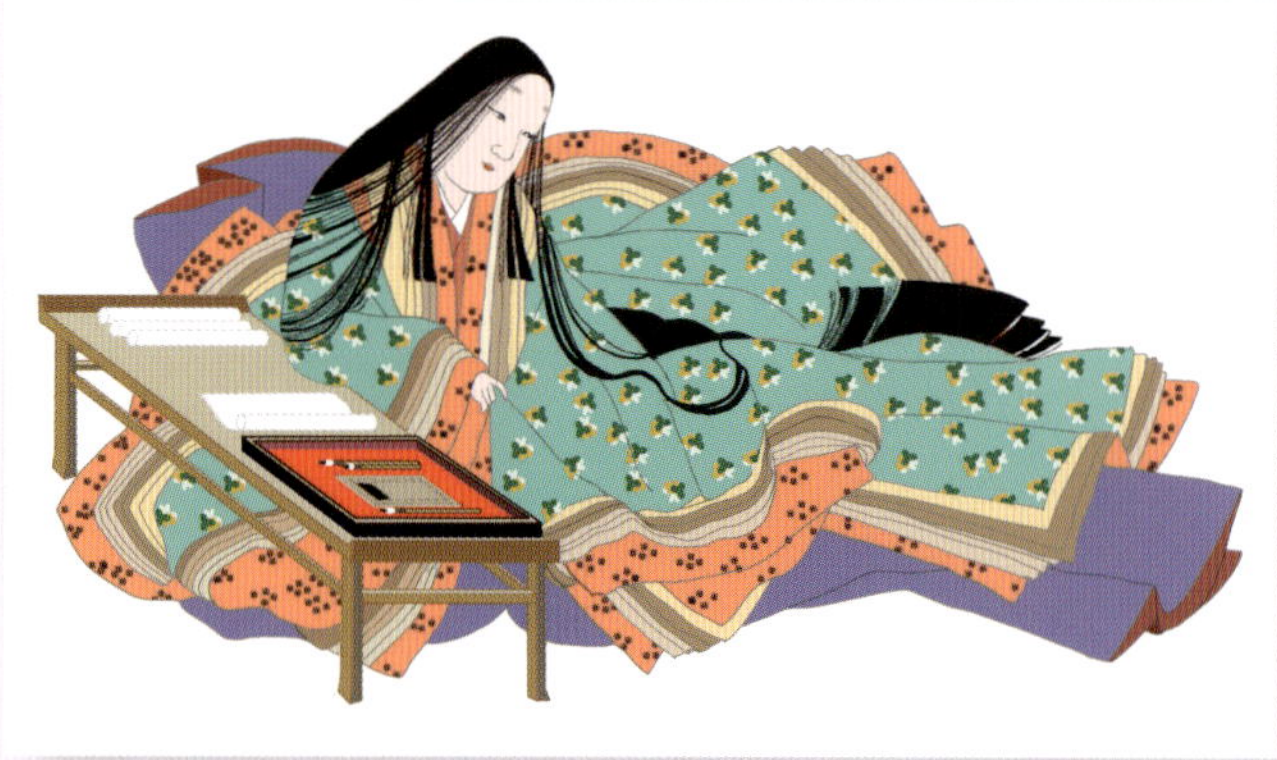

2 紫式部《むらさきしきぶ》

3 松尾芭蕉《まつおばしょう》

クイズ２

俳句《はいく》をつくるときに必《かなら》ず入《い》れる言葉《ことば》はなに？

27ページを見《み》よう。

❶ 花《はな》の名前《なまえ》

©PIXTA

❷ 季節《きせつ》を表《あらわ》す言葉《ことば》

©PIXTA

❸「けり」という言葉《ことば》

いくたびも
雪《ゆき》の深《ふか》さを
尋《たず》ねけり

クイズ３

俳句《はいく》の基本《きほん》のリズムは？

26ページを見《み》よう。

❶ 五《ご》・七《しち》・五《ご》

❷ 一《いち》・二《に》・三《さん》

❸ 七《しち》・七《しち》・七《しち》・五《ご》

©PIXTA

俳《はい》句《く》の誕《たん》生《じょう》

俳句《はいく》はもともと俳諧《はいかい》と呼《よ》ばれました。
俳諧《はいかい》は和歌《わか》から連歌《れんが》をへて生《う》まれました。

鎌倉《かまくら》時代《じだい》に和歌《わか》から生《う》まれた連歌《れんが》が、さかんになりました。
連歌《れんが》には、こっけいさをよむ流《なが》れと、心情《しんじょう》やおもむきを重《おも》んじる流《なが》れがありました。
室町《むろまち》時代《じだい》の宗祇《そうぎ》（→21ページ）は、連歌《れんが》をつくる際《さい》におもむきを重《おも》んじました。
宗祇《そうぎ》
雪《ゆき》ながら山本《やまもと》かすむ夕《ゆうべ》かな
行水《いくみず》とほ《（お）》く梅《うめ》にほ《（お）》ふ《（う）》里《さと》
肖柏《しょうはく》
宗祇《そうぎ》は全国《ぜんこく》を旅《たび》して連歌《れんが》を広《ひろ》め、連歌《れんが》をこっけいなだけではない、文学《ぶんがく》に高《たか》めました。
しかし、その後《ご》、おもむきを重《おも》んじる連歌《れんが》は下火《したび》になり、こっけいさをよむ俳諧連歌《はいかいれんが》がさかんになりました。
「俳諧《はいかい》」とは、「こっけい」という意味《いみ》です。
江戸《えど》時代《じだい》になると、平易《へいい》な俳諧連歌《はいかいれんが》は庶民《しょみん》の間《あいだ》でもさかんになりました。
このころ、俳諧連歌《はいかいれんが》の初《はじ》めの句《く》である発句《ほっく》が独立《どくりつ》するようになりました。
しほ《（お）》るるは何《なに》か あんずの花《はな》の色《いろ》
松永貞徳《まつながていとく》
内容《ないよう》より形式《けいしき》を重《おも》んじる。
さればここに 談林《だんりん》の木《き》あり梅《うめ》の花《はな》
西山宗因《にしやまそういん》
形式《けいしき》にとらわれず自由《じゆう》につくる。

ミニ情報 江戸《えど》時代《じだい》初期《しょき》に俳諧連歌《はいかいれんが》をさかんにした松永貞徳《まつながていとく》の一派《いっぱ》は「貞門《ていもん》」、西山宗因《にしやまそういん》の一派《いっぱ》は「談林《だんりん》」とよばれた。大阪《おおさか》で俳諧《はいかい》や小説《しょうせつ》を手《て》がけた井原西鶴《いはらさいかく》（→34ページ）は、西山宗因《にしやまそういん》の弟子《でし》。

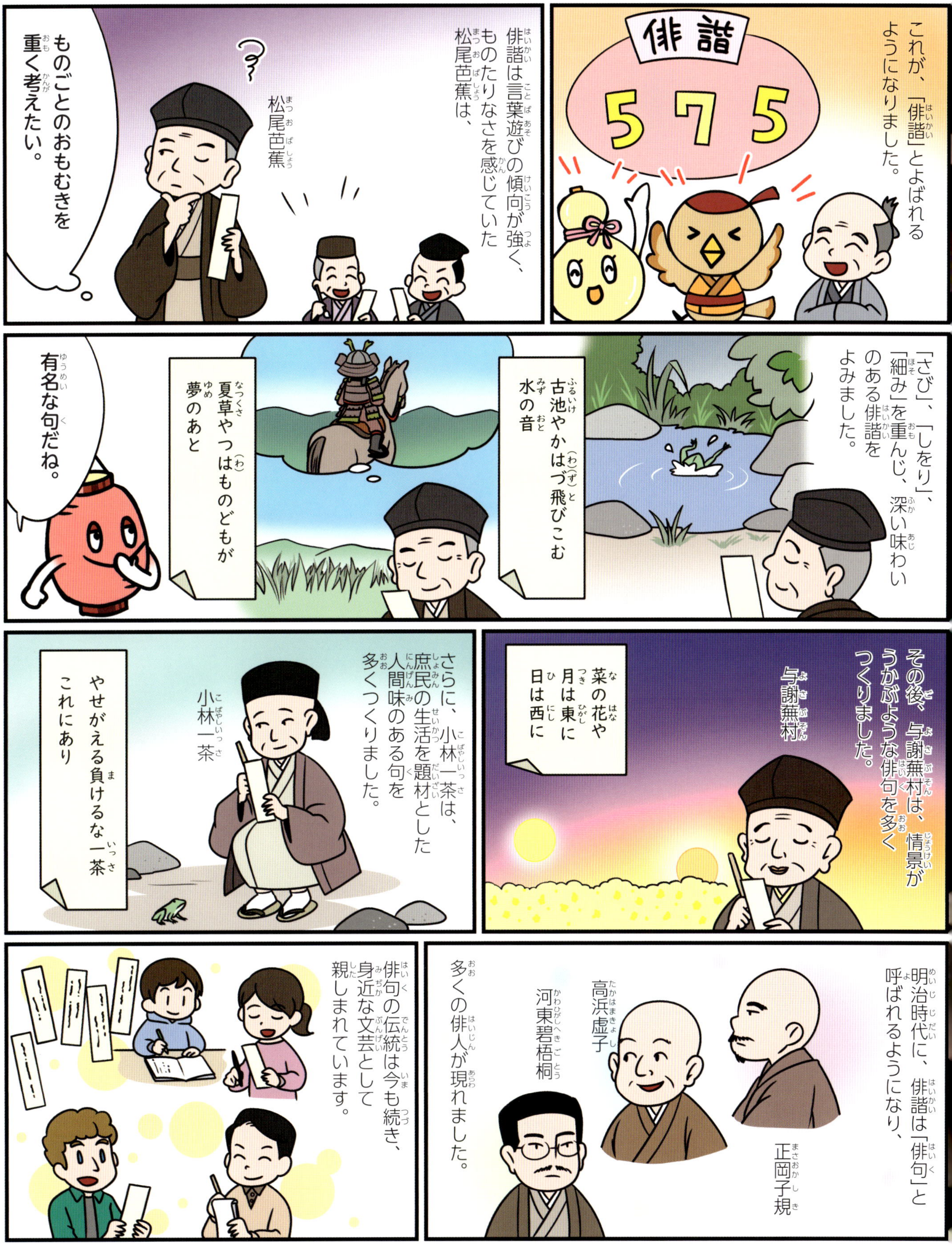
これが、「俳諧《はいかい》」とよばれるようになりました。
俳諧
575
俳諧《はいかい》は言葉遊《ことばあそ》びの傾向《けいこう》が強《つよ》く、ものたりなさを感《かん》じていた松尾芭蕉《まつおばしょう》は、
松尾芭蕉《まつおばしょう》
ものごとのおもむきを重《おも》く考《かんが》えたい。
「さび」、「しをり」、「細《ほそ》み」を重《おも》んじ、深《ふか》い味《あじ》わいのある俳諧《はいかい》をよみました。
古池《ふるいけ》やかは《(わ)》づ《(ず)》飛《と》びこむ水《みず》の音《おと》
夏草《なつくさ》やつは《(わ)》ものどもが夢《ゆめ》のあと
有名《ゆうめい》な句《く》だね。
その後《ご》、与謝蕪村《よさぶそん》は、情景《じょうけい》がうかぶような俳句《はいく》を多《おお》くつくりました。
与謝蕪村《よさぶそん》
菜《な》の花《はな》や月《つき》は東《ひがし》に日《ひ》は西《にし》に
さらに、小林一茶《こばやしいっさ》は、庶民《しょみん》の生活《せいかつ》を題材《だいざい》とした人間味《にんげんみ》のある句《く》を多《おお》くつくりました。
小林一茶《こばやしいっさ》
やせがえる負《ま》けるな一茶《いっさ》これにあり
明治時代《めいじじだい》に、俳諧《はいかい》は「俳句《はいく》」と呼《よ》ばれるようになり、
正岡子規《まさおかしき》
高浜虚子《たかはまきょし》
河東碧梧桐《かわひがしへきごとう》
多《おお》くの俳人《はいじん》が現《あらわ》れました。
俳句《はいく》の伝統《でんとう》は今《いま》も続《つづ》き、身近《みぢか》な文芸《ぶんげい》として親《した》しまれています。

ミニ情報

松尾芭蕉《まつおばしょう》は、故郷《こきょう》の伊賀国《いがのくに》（三重県《みえけん》）上野《うえの》では、本名《ほんみょう》の宗房《むねふさ》で貞門《ていもん》の俳諧《はいかい》を学《まな》んだ。江戸《えど》（東京《とうきょう》）に移《うつ》ってからは、談林《だんりん》の西山宗因《にしやまそういん》に出会《であ》ったこともあり、談林《だんりん》の俳諧《はいかい》を学《まな》び、桃青《とうせい》と名乗《なの》った。

俳《はい》句《く》の形《けい》式《しき》ときまり

俳句《はいく》の基本《きほん》となる形式《けいしき》と決《き》まりごとを見《み》ていきましょう。

五《ご》・七《しち》・五《ご》の形式《けいしき》

俳句《はいく》は原則《げんそく》として、五音《ごおん》、七音《しちおん》、五音《ごおん》の合計十七音《ごうけいじゅうしちおん》でつくります。わずか十七音《じゅうしちおん》でよむ詩《し》は世界的《せかいてき》にもめずらしく、「世《せ》界一短《かいいちみじか》い定型詩《ていけいし》（決《き》まった型《かた》のある詩《し》）」といわれることもあります。

五《ご》 七《しち》 五《ご》

古池《ふるいけ》やかは《（わ）》づ《（ず）》飛《と》びこむ水《みず》の音《おと》

松尾芭蕉《まつおばしょう》

意味 古《ふる》い池《いけ》のかたわらにいると、静《しず》けさをやぶって、水《みず》音《おと》が聞《き》こえてきた。かえるが水《みず》に飛《と》びこんだのだなあ（音《おと》がしたことで、よりいっそう静《しず》けさを感《かん》じる）。

十七音《じゅうしちおん》で詩《し》をつくるなんて、すごいね。

字余《じあま》り・字足《じた》らずの句《く》

句《く》が十七音《じゅうしちおん》より1文字《もじ》や2文字《もじ》多《おお》い場合《ばあい》を字余《じあま》り、少《すく》ない場合《ばあい》を字足《じた》らずといいます。字余《じあま》りや字足《じた》らずがあってもかまいません。

六音《ろくおん》で字余《じあま》り

六《ろく》 七《しち》 五《ご》

おもしろうてやがて悲《かな》しき鵜飼《うかい》かな

松尾芭蕉《まつおばしょう》

意味 おもしろかった鵜飼《うかい》が終《お》わり、あたりがひっそりすると悲《かな》しく思《おも》えてくるものだなあ。

四音《しおん》で字足《じた》らず

五《ご》 七《しち》 四《し》

虹《にじ》が出《で》るああ鼻先《はなさき》に軍艦《ぐんかん》

秋元不死男《あきもとふじお》

意味 虹《にじ》が見《み》えるのどかな光景《こうけい》だが、それとは対照的《たいしょうてき》にいかつい軍艦《ぐんかん》が見《み》えている。

定型《ていけい》からはずれた自由律俳句《じゆうりつはいく》

明治時代《めいじじだい》の後半《こうはん》に、伝統的《でんとうてき》な形《けい》式《しき》にとらわれずに表現《ひょうげん》する俳句《はいく》がつくられるようになりました。これを自由律俳句《じゆうりつはいく》といいます。

五《ご》・七《しち》・五《ご》の形式《けいしき》をとらず、思《おも》いをより素直《すなお》に表現《ひょうげん》するものです。尾崎放哉《おざきほうさい》や種田山頭火《たねださんとうか》は、自由律《じゆうりつ》俳句《はいく》を多《おお》くつくったことで知《し》られています。

咳《せき》をしても一人《ひとり》

尾崎放哉《おざきほうさい》

分《わ》け入《い》つ《（つ）》ても分《わ》け入《い》つ《（つ）》ても青《あお》い山《やま》

種田山頭火《たねださんとうか》

ミニ情報

尾崎放哉《おざきほうさい》は、東京帝国大学《とうきょうていこくだいがく》を卒業後《そつぎょうご》、保険会社《ほけんがいしゃ》に入《はい》り出世《しゅっせ》コースを歩《あゆ》んでいた。しかし、酒《さけ》による失敗《しっぱい》で退職《たいしょく》し、寺《てら》の雑用《ざつよう》などをしながら句作《くさく》にはげんだ。貧乏《びんぼう》な生活《せいかつ》の中《なか》で人生《じんせい》を終《お》えた。

季語《きご》

俳句《はいく》には、原則《げんそく》として季節《きせつ》を表《あらわ》す「季語《きご》」を入《い》れると決《き》まっています。季語《きご》を集《あつ》めた本《ほん》を「歳時記《さいじき》」といいます。

春風《はるかぜ》や闘志《とうし》いだきて丘《おか》に立《た》つ　高浜虚子《たかはまきょし》

春《はる》の季語《きご》（春風）

意味　春《はる》の風《かぜ》がふいている中《なか》で、強《つよ》い闘《とう》志《し》をもって、丘《おか》の上《うえ》に立《た》っている。

朝顔《あさがお》につるべとられてもらひ（い）水《みず》　加賀《かが》の千代《ちよ》

秋《あき》の季語《きご》（朝顔）

意味　朝顔《あさがお》のつるが井戸《いど》のつるべに巻《ま》きついている。花《はな》を折《お》るのはかわいそうなので、よそから水《みず》をもらった。

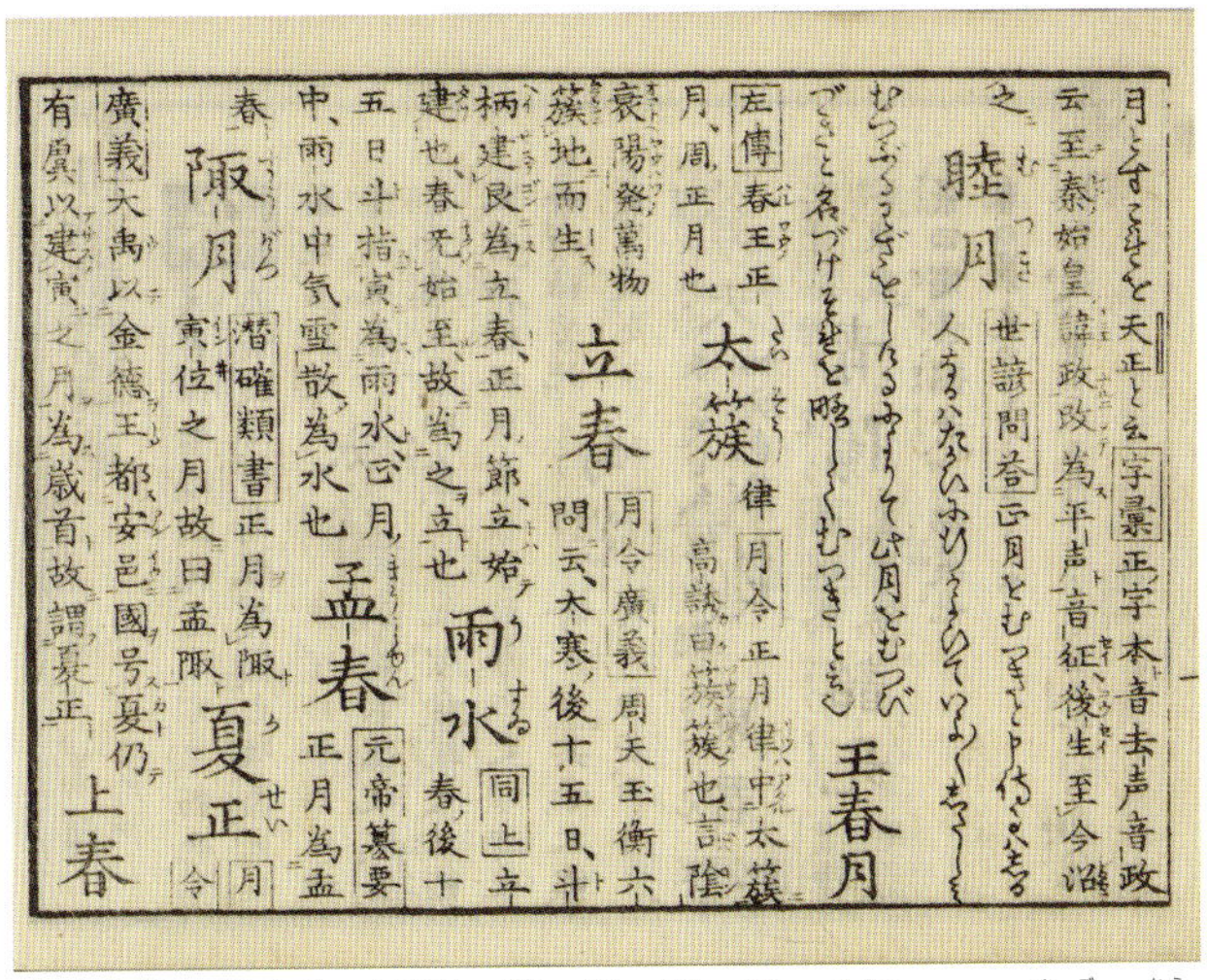

江戸時代《えどじだい》の歳時記《さいじき》。正月《しょうがつ》と春《はる》、夏《なつ》、秋《あき》、冬《ふゆ》の季節《きせつ》ごとの季語《きご》が並《なら》べられている。

『俳諧歳時記栞草』（京都大学附属図書館所蔵 https://rmda.kulib.kyoto-u.ac.jp/item/rb00010782）

季重《きかさ》なり

一《ひと》つの句《く》に、二《ふた》つ以上《いじょう》の季語《きご》を入《い》れるのは、「季重《きかさ》なり」といって、さけることになっています。しかし、あえてその効《こう》果《か》をねらうような場合《ばあい》もあります。

目《め》には青葉《あおば》山《やま》ほととぎす初《はっ》がつを（お）　山口素堂《やまぐちそどう》

意味　初夏《しょか》の若葉《わかば》が青《あお》く目《め》に映《うつ》る。山《やま》からはほととぎすが鳴《な》く声《こえ》が聞《き》こえてくる。初《はっ》がつおもおいしい時期《じき》だ。

季語《きご》を3つよみこみ、視覚《しかく》、聴覚《ちょうかく》、味《み》覚《かく》で初夏《しょか》をよんでいます。

無季《むき》

季語《きご》のない俳句《はいく》は、「無季俳句《むきはいく》」といわれます。

油《あぶら》さし油《あぶら》さしつつ寝《い》ぬ夜《よ》かな　上島鬼貫《うえじまおにつら》

意味　待《ま》っている人《ひと》は来《こ》ない。いつ来《く》ることかと、明《あ》かりに油《あぶら》をたしながら寝《ね》る夜《よる》だなあ。

切《き》れ字《じ》

句《く》の途中《とちゅう》、または最後《さいご》に置《お》いて、感動《かんどう》などを表《あらわ》す言葉《ことば》を「切《き》れ字《じ》」といいます。「や」「かな」「けり」が代表的《だいひょうてき》な切《き》れ字《じ》です。

夏草《なつくさ》や兵《つわもの》どもが夢《ゆめ》のあと　松尾芭蕉《まつおばしょう》

一度区切《いちどくぎ》って感動《かんどう》を表《あらわ》す

意味　数々《かずかず》の武将《ぶしょう》たちが名《な》を上《あ》げ、栄華《えいが》をほこったこの地《ち》も、今《いま》は夏草《なつくさ》が生《お》いしげっている。この世《よ》のことはすべて移《うつ》り変《か》わっていくものなのだなあ。

雲雀《ひばり》より空《そら》にやすらふ（う）峠《とうげ》かな　松尾芭蕉《まつおばしょう》

末尾《まつび》に使《つか》い、感動《かんどう》を表《あらわ》す

意味　とうげの高《たか》い所《ところ》で休《やす》んでいると、下《した》のほうからひばりが鳴《な》く声《こえ》が聞《き》こえてくる。ずいぶん高《たか》い所《ところ》まで登《のぼ》ってきたのだなあ。

いくたびも雪《ゆき》の深《ふか》さを尋《たず》ねけり　正岡子規《まさおかしき》

末尾《まつび》に使《つか》い、強《つよ》い調子《ちょうし》を出《だ》す

意味　病気《びょうき》で寝《ね》ている自分《じぶん》は、雪《ゆき》がどれくらい降《ふ》ったかわからない。家人《かじん》に何度《なんど》も雪《ゆき》の深《ふか》さを聞《き》いている。

ミニ情報　種田山頭火《たねださんとうか》は、実家《じっか》が破産《はさん》するなどの苦労《くろう》を経験《けいけん》、妻《つま》と古書店《こしょてん》を始《はじ》めたがくらしは苦《くる》しかった。仏《ぶつ》門《もん》に入《はい》ったのち、西日本《にしにほん》を放浪《ほうろう》しながら句作《くさく》をした。

江戸《えど》時代《じだい》の俳人《はいじん》を探検《たんけん》！

江戸時代前期《えどじだいぜんき》に、松尾芭蕉《まつおばしょう》が新《あたら》しい俳諧《はいかい》を大成《たいせい》、江戸時代後期《えどじだいこうき》には、与謝蕪村《よさぶそん》、小林一茶《こばやしいっさ》が特《とく》ちょうある句《く》をつくりました。

松尾芭蕉《まつおばしょう》

1644〜1694年《ねん》。江戸時代前《えどじだいぜん》期《き》の俳人《はいじん》。伊賀《いが》(三重県《みえけん》)上野《うえの》に生《う》まれ、俳諧《はいかい》を学《まな》びました。後《のち》に江戸《えど》(東京《とうきょう》)に出《で》て、俳諧《はいかい》を芸術的《げいじゅつてき》な作品《さくひん》として大成《たいせい》させました。たびたび旅《たび》に出《で》て、『おくのほそ道《みち》』をはじめ、『野《の》ざらし紀行《きこう》』、『笈《おい》の小文《こぶみ》』などの紀行《きこう》(旅行記《りょこうき》)を著《あらわ》しました。

芭蕉野分《ばしょうのわき》してたらひ《(い)》に雨《あめ》を聞《き》く夜《よ》かな

意味　野分《のわき》(台風《たいふう》にともなう風《かぜ》)で、いおり(粗末《そまつ》な小屋《こや》)の外《そと》の芭蕉《ばしょう》の葉《は》がざわざわしている。中《なか》では、たらいに落《お》ちる雨《あま》もりの音《おと》がする。

旅人《たびびと》とわが名《な》呼《よ》ばれむ《(ん)》初《はつ》しぐれ

意味　これから旅《たび》に出《で》る私《わたし》は、「旅人《たびびと》」と呼《よ》ばれることになるだろう。ちょうど初《はじ》めてのしぐれが降《ふ》っている。

秋深《あきふか》きとなりは何《なに》をする人《ひと》ぞ

意味　秋《あき》が深《ふか》まり、さびしさも感《かん》じられるころだ。となりの人《ひと》はどのようにして過《す》ごしていることだろうか。

旅《たび》に病《や》んで夢《ゆめ》は枯《か》れ野《の》をかけめぐる

意味　旅先《たびさき》で病《やまい》になり、寝《ね》こんでいる。だが、夢《ゆめ》の中《なか》では、私《わたし》は旅《たび》に出《で》て、かれ野《の》をかけめぐっている。芭蕉最後《ばしょうさいご》の句《く》。

『おくのほそ道《みち》』の旅《たび》

1689年《ねん》、芭蕉《ばしょう》は江戸《えど》を立《た》ち、東北地方《とうほくちほう》に向《む》かいました。その後《ご》、約半年《やくはんとし》をかけて東《とう》北地方《ほくちほう》、北陸地方《ほくりくちほう》を経《へ》て、美濃《みの》(岐阜県《ぎふけん》)の大垣《おおがき》にいたります。その間《かん》に各地《かくち》でよんだ句《く》を交《まじ》えた紀行《きこう》が『おくのほそ道《みち》』です。

最上川
五月雨を集めてはやし最上川
立石寺
しづけさや岩にしみ入るせみの声
行く春や鳥啼き魚の目は泪
蛤のふたみに別れ行く秋ぞ
吹浦
酒田
鼠の関
佐渡
鶴岡
大石田
新庄
尿前の関
平泉
一関
岩出
尾花沢
登米
石巻
仙台
岩沼
白石
飯坂
福島
二本松
伊達の大木戸
桑折
忍の里
檜皮
須賀川
白河
黒羽
玉入
日光
鹿沼
間々田
草加
千住
深川
江戸
新潟
出雲崎
柏崎
高田
直江津
市振
高岡
金沢
小松
山中温泉
大聖寺
吉崎
福井
敦賀
大垣
美濃

ミニ情報　『おくのほそ道《みち》』の旅《たび》は、歌枕《うたまくら》（→ 14 ページ）を訪《たず》ねるものだった。芭蕉《ばしょう》は全行程約《ぜんこうていやく》 2400km を 150 日《にち》ほどで歩《ある》いている。

与謝蕪村《よさぶそん》

1716〜1783年《ねん》。江戸時代《えどじだい》後期《こうき》の俳人《はいじん》・画家《がか》。摂津《せっつ》(大阪府《おおさかふ》)に生《う》まれ、二十歳《はたち》ごろ江戸《えど》(東京《とうきょう》)に出《で》て俳諧《はいかい》を学《まな》びました。その後《ご》、京都《きょうと》で画家《がか》として活《かつ》やくしました。55歳《さい》で本格的《ほんかくてき》に俳諧《はいかい》に打《う》ちこみました。芭蕉《ばしょう》の句風《くふう》の復興《ふっこう》をうったえ、絵《え》のような印象《いんしょう》をあたえる句《く》を多《おお》くよみました。

絵《え》もじょうずだったそうだよ。

**菜《な》の花《はな》や
月《つき》は東《ひがし》に日《ひ》は西《にし》に**

意味 見《み》わたす限《かぎ》りの菜《な》の花畑《はなばたけ》に夕暮《ゆうぐ》れが訪《おとず》れた。東《ひがし》の空《そら》から月《つき》がのぼり、西《にし》の空《そら》では日《ひ》がしずもうとしていることだ。

**春《はる》の海《うみ》ひねもすのたり
のたりかな**

意味 うららかな春《はる》の日《ひ》、海《うみ》に目《め》をやると、ゆるやかでのんびりした波《なみ》が、一日中《いちにちじゅう》、のたりのたりと寄《よ》せては返《かえ》している。

**さみだれや大河《たいが》を前《まえ》に
家《いえ》二《に》軒《けん》**

意味 五月雨《さみだれ》(旧暦《きゅうれき》五月《ごがつ》に降《ふ》り続《つづ》く雨《あめ》)で水《みず》かさが増《ま》した川《かわ》が激《はげ》しく流《なが》れている。その川《かわ》のほとりに2軒《けん》の家《いえ》がぽつんと建《た》っている。

小林一茶《こばやしいっさ》

1763〜1827年《ねん》。江戸時代《えどじだい》後期《こうき》の俳人《はいじん》。信濃《しなの》(長野県《ながのけん》)に生《う》まれ、家庭《かてい》の事情《じじょう》により、15歳《さい》で江戸《えど》(東京《とうきょう》)に出《で》ました。その後《ご》、各地《かくち》を旅《たび》して俳諧《はいかい》の修業《しゅぎょう》をしました。晩年《ばんねん》は故郷《こきょう》で暮《く》らし、子《こ》どもや動物《どうぶつ》などにも愛情《あいじょう》のある目《め》を向《む》け、わかりやすい言葉《ことば》を使《つか》った句《く》をよみました。

わかりやすい言葉《ことば》で俳句《はいく》をつくったんだね。

**雪《ゆき》とけて村《むら》いつ《(っ)》ぱいの
子《こ》どもかな**

意味 春《はる》がやってきて、雪《ゆき》がとけている。それを待《ま》っていたかのように子《こ》どもたちが外《そと》に飛《と》び出《だ》して、村中《むらじゅう》で元気《げんき》よく遊《あそ》んでいる。

**めでたさもちう《(ちゅう)》位《ぐらい》なり
おらが春《はる》**

意味 正月《しょうがつ》をむかえておめでたいことであるが、私《わたし》にとっては「ちう《(ちゅう)》位《ぐらい》」=方言《ほうげん》でいい加減《かげん》なものだ。私《わたし》の正月《しょうがつ》とはそのようなものだ。

**これがまあつひ《(い)》のすみかか
雪《ゆき》五尺《ごしゃく》**

意味 ここが、自分《じぶん》の生《しょう》がいを終《お》える最後《さいご》の住《す》まいになるのだなあ。雪《ゆき》が五尺《ごしゃく》(約《やく》1・5m)も降《ふ》り積《つ》もっていることだ。

ミニ情報 弱者《じゃくしゃ》への愛情《あいじょう》あふれる句《く》を多《おお》くつくった一茶《いっさ》。実生活《じっせいかつ》では、父《ちち》の遺産《いさん》をめぐる争《あらそ》い、子《こ》どもや妻《つま》の死《し》、家《いえ》の火事《かじ》などの不幸《ふこう》が続《つづ》いた。

季《き》語《ご》を探《たん》検《けん》！

俳句《はいく》で使《つか》われている季語《きご》を、季節《きせつ》ごとにあげてみましょう。

春《はる》
立春《りっしゅん》
山笑《やまわら》う
風光《かぜひか》る
雨水《うすい》
残雪《ざんせつ》
桜《さくら》もち
梅《うめ》
ふきのとう
蝶《ちょう》
ひばり
うぐいす
遠足《えんそく》
卒業《そつぎょう》
潮干狩《しおひが》り
など

©PIXTA

夏《なつ》
初夏《しょか》
夏至《げし》
土用《どよう》
滝《たき》
衣《ころも》がえ
うちわ
行水《ぎょうずい》
水鉄砲《みずでっぽう》
山開《やまびら》き
時鳥《ほととぎす》
ひまわり
うなぎ
日焼《ひや》け
ほたる
など

©PIXTA

新年《しんねん》の季語《きご》

新年《しんねん》は春《はる》にあたりますが、新年特有《しんねんとくゆう》の季語《きご》があります。

初日《はつひ》
新年《しんねん》
初《はつ》もうで
門松《かどまつ》
かるた
羽子板《はごいた》
年玉《としだま》
すごろく
こま
書初《かきぞめ》
数《かず》の子《こ》
鏡《かがみ》もち
雑煮《ぞうに》
とそ
など

ミニ情報

歳時記《さいじき》では、天文《てんもん》、地理《ちり》、動植物《どうしょくぶつ》、人事《じんじ》などに分類《ぶんるい》し、解説《かいせつ》や例句《れいく》が加《くわ》えられている。俳句《はいく》をつくる際《さい》の参考《さんこう》として、江戸時代前期《えどじだいぜんき》から刊行《かんこう》され、現在《げんざい》も使《つか》われている。

季語《きご》は旧暦《きゅうれき》で

俳句《はいく》の季語《きご》は、江戸時代《えどじだい》まで使《つか》われていた旧暦《きゅうれき》で考《かんが》えます。現在《げんざい》の暦《こよみ》の季節《きせつ》とは、ずれがあります。

	春《はる》 立春《りっしゅん》から立夏《りっか》の前日《ぜんじつ》まで			夏《なつ》 立夏《りっか》から立秋《りっしゅう》の前日《ぜんじつ》まで			秋《あき》 立秋《りっしゅう》から立冬《りっとう》の前日《ぜんじつ》まで			冬《ふゆ》 立冬《りっとう》から立春《りっしゅん》の前日《ぜんじつ》まで		
新暦《しんれき》（現在《げんざい》の暦《こよみ》）	2月《がつ》	3月《がつ》	4月《がつ》	5月《がつ》	6月《がつ》	7月《がつ》	8月《がつ》	9月《がつ》	10月《がつ》	11月《がつ》	12月《がつ》	1月《がつ》
旧暦《きゅうれき》（昔《むかし》の暦《こよみ》）	1月《がつ》	2月《がつ》	3月《がつ》	4月《がつ》	5月《がつ》	6月《がつ》	7月《がつ》	8月《がつ》	9月《がつ》	10月《がつ》	11月《がつ》	12月《がつ》

※年《とし》によって閏月《うるうづき》（つけ加《くわ》える月《つき》）がある。

ミニ情報　旧暦《きゅうれき》は、月《つき》が1回《かい》満《み》ち欠《か》けする期間《きかん》をひと月《つき》とする。毎月《まいつき》のついたち（月《つき》が立《た》つという意味《いみ》）ごろが新月《しんげつ》で、15日《にち》ごろが満月《まんげつ》になる。三日月《みかづき》、十五夜《じゅうごや》などの言《い》い方《かた》は旧暦《きゅうれき》にもとづく。

近代《きんだい》〜現代《げんだい》の俳人《はいじん》を探検《たんけん》！

明治時代《めいじじだい》の半《なか》ばに正岡子規《まさおかしき》が、それまでの俳諧《はいかい》を改革《かいかく》し、「俳《はい》句《く》」とよぶようになりました。

正岡子規《まさおかしき》

正岡子規《まさおかしき》は、短歌《たんか》でも活《かつ》やくした人だね。

ことば遊《あそ》びにおちいり、形式的《けいしきてき》になっていた俳諧《はいかい》を否定《ひてい》し、俳句《はいく》とよんで新《あたら》しくする試《こころ》みをしました。自然《しぜん》を見《み》たままよむ「写生《しゃせい》」による表現《ひょうげん》を提唱《ていしょう》し、俳句《はいく》に芸術性《げいじゅつせい》をあたえました。

柿《かき》食《く》へ《（え）》ば鐘《かね》がなるなり法隆寺《ほうりゅうじ》

意味　奈良《なら》にやってきた。柿《かき》を食《た》べていると、ちょうど法隆寺《ほうりゅうじ》のかねの音《ね》が聞《き》こえてきた。

鶏頭《けいとう》の十四《じゅうし》五本《ごほん》もありぬべし

意味　庭《にわ》には真《ま》っ赤《か》な鶏頭《けいとう》の花《はな》がある。自分《じぶん》は病気《びょうき》なので、近《ちか》づいて見《み》ることができないが、きっと十四《じゅうし》、五本《ごほん》はさいていることだろう。

を《（お）》とゝひ《（い）》のへちまの水《みず》も取《と》らざりき

意味　病気《びょうき》にきくへちまの水《みず》も、おととい《は》とることができなかった。それほどに私《わたし》の病《やまい》は重《おも》くなっている。十五夜《じゅうごや》の日《ひ》にとったへちまの水《みず》はよくきくという言《い》い伝《つた》えがあり、「おととい」はその日《ひ》だったともいわれている。

「ホトトギス」で活《かつ》やくする

正岡子規《まさおかしき》は、1897年《ねん》に友人《ゆうじん》が創刊《そうかん》した俳句雑誌《はいくざっし》、「ホトトギス（創刊時《そうかんじ》はひらがな）」の主筆《しゅひつ》（編集《へんしゅう》や執筆《しっぴつ》を中心的《ちゅうしんてき》に行《おこな》う立場《たちば》）を務《つと》め、新人《しんじん》たちを育《そだ》てました。

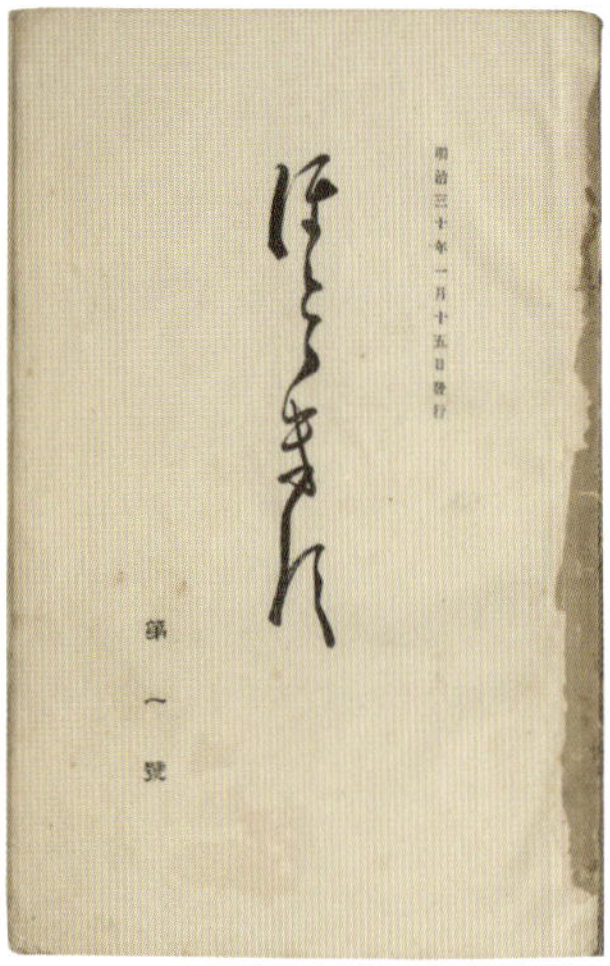
第一號

画像提供：虚子記念文学館

子規《しき》の弟子《でし》の俳人《はいじん》たち

正岡子規《まさおかしき》の弟子《でし》からは、多《おお》くの俳人《はいじん》が出《で》て活《かつ》やくしました。

- 正岡子規《まさおかしき》
  - 高浜虚子《たかはまきょし》
    - 飯田蛇笏《いいだだこつ》
    - 村上鬼城《むらかみきじょう》
    - 水原秋桜子《みずはらしゅうおうし》
      - 石田波郷《いしだはきょう》
      - 加藤楸邨《かとうしゅうそん》
        - 金子兜太《かねことうた》
    - 山口誓子《やまぐちせいし》
    - 中村草田男《なかむらくさたお》
    - 中村汀女《なかむらていじょ》
  - 内藤鳴雪《ないとうめいせつ》
  - 河東碧梧桐《かわひがしへきごとう》
    - 荻原井泉水《おぎわらせいせんすい》
      - 尾崎放哉《おざきほうさい》
      - 種田山頭火《たねださんとうか》

ミニ情報　俳句雑誌《はいくざっし》「ホトトギス」は、子規《しき》の友人《ゆうじん》である柳原極堂《やなぎはらきょくどう》が創刊《そうかん》した。雑誌名《ざっしめい》は「子規《しき》」がホトトギスの別名《べつめい》であることからとられた。2025年現在《ねんげんざい》、1500号《ごう》をこえて刊行《かんこう》が続《つづ》いている。

秋（あき）

秋分（しゅうぶん）
夜寒（よさむ）
野分（のわき）
刈田（かりた）
もみじ
月（つき）
かかし
夜なべ（よ）
運動会（うんどうかい）
鹿（しか）
きつつき
コスモス
朝顔（あさがお）
どんぐり

など

©PIXTA

冬（ふゆ）

小春（こはる）
大寒（だいかん）
スキー
湯たんぽ（ゆ）
風邪（かぜ）
たき火（び）
酉の市（とりのいち）
七五三（しちごさん）
木の葉（このは）
鶴（つる）
さざんか
鱈（たら）
みかん
鰤（ぶり）

など

©PIXTA

季語（きご）は旧暦（きゅうれき）で

俳句（はいく）の季語は、江戸時代（えどじだい）まで使われていた旧暦（きゅうれき）で考えます。現在（げんざい）の暦（こよみ）の季節（きせつ）とは、ずれがあります。

	春（はる） 立春（りっしゅん）から立夏（りっか）の前日（ぜんじつ）まで			夏（なつ） 立夏（りっか）から立秋（りっしゅう）の前日（ぜんじつ）まで			秋（あき） 立秋（りっしゅう）から立冬（りっとう）の前日（ぜんじつ）まで			冬（ふゆ） 立冬（りっとう）から立春（りっしゅん）の前日（ぜんじつ）まで		
新暦（しんれき）（現在（げんざい）の暦）	2月（がつ）	3月（がつ）	4月（がつ）	5月（がつ）	6月（がつ）	7月（がつ）	8月（がつ）	9月（がつ）	10月（がつ）	11月（がつ）	12月（がつ）	1月（がつ）
旧暦（きゅうれき）（昔（むかし）の暦（こよみ））	1月（がつ）	2月（がつ）	3月（がつ）	4月（がつ）	5月（がつ）	6月（がつ）	7月（がつ）	8月（がつ）	9月（がつ）	10月（がつ）	11月（がつ）	12月（がつ）

※年（とし）によって閏月（うるうづき）（つけ加（くわ）える月（つき））がある。

ミニ情報（じょうほう） 旧暦（きゅうれき）は、月（つき）が1回（かい）満（み）ち欠（か）けする期間（きかん）をひと月（つき）とする。毎月（まいつき）のついたち（月（つき）が立（た）つという意味（いみ））ごろが新月（しんげつ）で、15日（にち）ごろが満月（まんげつ）になる。三日月（みかづき）、十五夜（じゅうごや）などの言（い）い方（かた）は旧暦（きゅうれき）にもとづく。

近代《きんだい》～現代《げんだい》の俳人《はいじん》を探検《たんけん》！

明治時代《めいじじだい》の半《なか》ばに正岡子規《まさおかしき》が、それまでの俳諧《はいかい》を改革《かいかく》し、「俳句《はいく》」とよぶようになりました。

正岡子規《まさおかしき》

正岡子規《まさおかしき》は、短歌《たんか》でも活《かつ》やくした人だね。

ことば遊《あそ》びにおちいり、形式的《けいしきてき》になっていた俳諧《はいかい》を否定《ひてい》し、俳句《はいく》とよんで新《あたら》しくする試《こころ》みをしました。自然《しぜん》を見《み》たままよむ「写生《しゃせい》」による表現《ひょうげん》を提唱《ていしょう》し、俳句《はいく》に芸術性《げいじゅつせい》をあたえました。

柿《かき》食《く》へ《(え)》ば鐘《かね》がなるなり法隆寺《ほうりゅうじ》

意味 奈良《なら》にやってきた。柿《かき》を食《た》べていると、ちょうど法隆寺《ほうりゅうじ》のかねの音《ね》が聞《き》こえてきた。

鶏頭《けいとう》の十四《じゅうし》五本《ごほん》もありぬべし

意味 庭《にわ》には真《ま》っ赤《か》な鶏頭《けいとう》の花《はな》がある。自分《じぶん》は病気《びょうき》なので、近《ちか》づいて見《み》ることができないが、きっと十四《じゅうし》、五本《ごほん》はさいていることだろう。

を《(お)》ととひ《(い)》のへちまの水《みず》も取《と》らざりき

意味 病気《びょうき》にきくへちまの水《みず》も、おとといはとることができなかった。それほどに私《わたし》の病《やまい》は重《おも》くなっている。十五夜《じゅうごや》の日《ひ》にとったへちまの水《みず》はよくきくという言《い》い伝《つた》えがあり、「おととい」はその日《ひ》だったともいわれている。

「ホトトギス」で活《かつ》やくする

正岡子規《まさおかしき》は、1897年《ねん》に友人《ゆうじん》が創刊《そうかん》した俳句雑誌《はいくざっし》、「ホトトギス（創刊時《そうかんじ》はひらがな）」の主筆《しゅひつ》（編集《へんしゅう》や執筆《しっぴつ》を中心的《ちゅうしんてき》に行《おこな》う立場《たちば》）を務《つと》め、新人《しんじん》たちを育《そだ》てました。

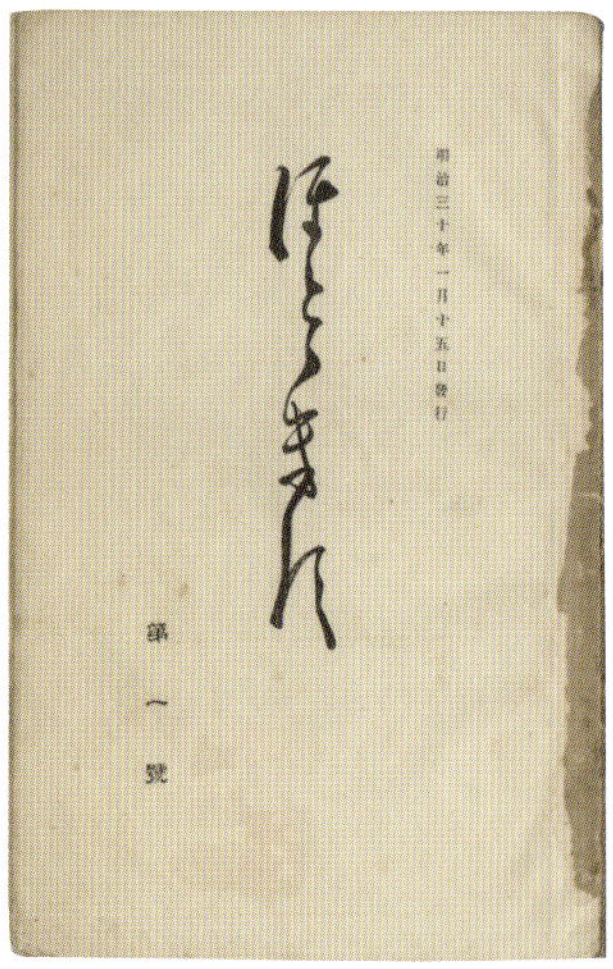
第一號

画像提供：虚子記念文学館

子規《しき》の弟子《でし》の俳人《はいじん》たち

正岡子規《まさおかしき》の弟子《でし》からは、多《おお》くの俳人《はいじん》が出《で》て活《かつ》やくしました。

- 正岡子規《まさおかしき》
  - 高浜虚子《たかはまきょし》
    - 飯田蛇笏《いいだだこつ》
    - 村上鬼城《むらかみきじょう》
    - 水原秋桜子《みずはらしゅうおうし》
      - 石田波郷《いしだはきょう》
      - 加藤楸邨《かとうしゅうそん》
        - 金子兜太《かねことうた》
    - 山口誓子《やまぐちせいし》
    - 中村草田男《なかむらくさたお》
    - 中村汀女《なかむらていじょ》
  - 内藤鳴雪《ないとうめいせつ》
  - 河東碧梧桐《かわひがしへきごとう》
    - 荻原井泉水《おぎわらせいせんすい》
      - 尾崎放哉《おざきほうさい》
      - 種田山頭火《たねださんとうか》

ミニ情報 俳句雑誌《はいくざっし》「ホトトギス」は、子規《しき》の友人《ゆうじん》である柳原極堂《やなぎはらきょくどう》が創刊《そうかん》した。雑誌名《ざっしめい》は「子規《しき》」がホトトギスの別名《べつめい》であることからとられた。2025年現在《ねんげんざい》、1500号《ごう》をこえて刊行《かんこう》が続《つづ》いている。

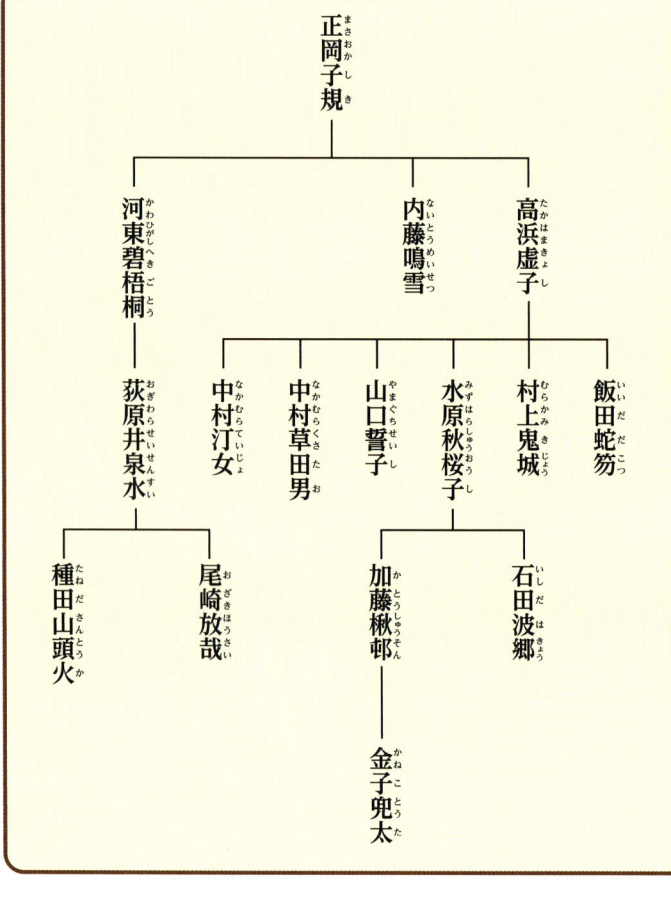

高浜虚子《たかはまきょし》

出典：国立国会図書館「近代日本人の肖像」
(https://www.ndl.go.jp/portrait/)

1874～1959年《ねん》。明治《めいじ》～昭和時代《しょうわじだい》の俳人《はいじん》。愛媛県《えひめけん》生《う》まれ。河東碧梧桐《かわひがしへきごとう》を通《つう》じて正岡子規《まさおかしき》と知《し》り合《あ》い、「虚子《きょし》」の名前《なまえ》をもらいました。子規《しき》の俳句革新《はいくかくしん》を助《たす》け、後《のち》には「ホトトギス」の編集《へんしゅう》を手《て》がけました。

遠山《とおやま》に日《ひ》の当《あ》たりたる枯野《かれの》かな

意味 目《め》の前《まえ》には、寒《さむ》ざむとしたかれ野《の》が広《ひろ》がっているが、遠《とお》くの山《やま》の向《む》こうのかれ野《の》には、ほんのり暖《あたた》かい日《ひ》がさしている。

流《なが》れ行《ゆ》く大根《だいこん》の葉《は》の早《はや》さかな

意味 川《かわ》の流《なが》れに目《め》をやると、上流《じょうりゅう》で大根《だいこん》をあらっているのか、大根《だいこん》の葉《は》がすごい早《はや》さで流《なが》れていった。

河東碧梧桐《かわひがしへきごとう》

出典：国立国会図書館「近代日本人の肖像」
(https://www.ndl.go.jp/portrait/)

1873～1937年《ねん》。明治《めいじ》～昭和時代《しょうわじだい》の俳人《はいじん》。愛媛県《えひめけん》生《う》まれ。中学《ちゅうがく》（現在《げんざい》の高校《こうこう》にあたる）で高浜虚子《たかはまきょし》と同級《どうきゅう》で、ともに正岡子規《まさおかしき》の弟子《でし》になりました。子規《しき》が亡《な》くなってからは、新聞《しんぶん》「日本《にほん》」の俳句欄《はいくらん》を担当《たんとう》しました。

赤《あか》い椿《つばき》白《しろ》い椿《つばき》と落《お》ちにけり

意味 赤《あか》いつばきの花《はな》が落《お》ち、続《つづ》いて白《しろ》いつばきの花《はな》も落《お》ちたことだ。つばきの花《はな》は、花《はな》びらが1枚《まい》ずつ散《ち》るのではなく、花《はな》ごと落《お》ちる。色《いろ》あざやかなつばきがぼとりと落《お》ちるさまを思《おも》いうかべられる。

この道《みち》の富士《ふじ》になり行《ゆ》く芒《すすき》かな

意味 富士山《ふじさん》のすそ野《の》の道《みち》を歩《ある》いていくと、すすきの野《の》が続《つづ》いている。進《すす》んでいくごとに、すすきの野《の》が富士山《ふじさん》になっていくように見《み》える。

夏目漱石《なつめそうせき》

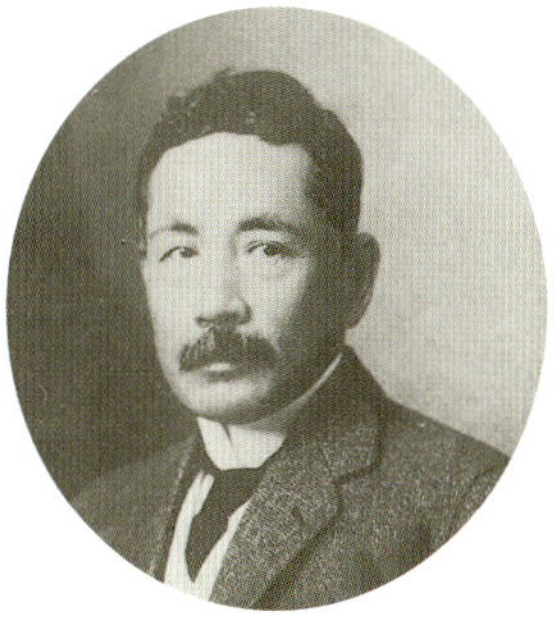

出典：国立国会図書館「近代日本人の肖像」
(https://www.ndl.go.jp/portrait/)

1867～1916年《ねん》。文豪《ぶんごう》として知《し》られる。正岡子規《まさおかしき》と友人《ゆうじん》で、約《やく》2600の句《く》をつくりました。

永《なが》き日《ひ》や欠伸《あくび》うつして別《わか》れ行《ゆ》く

意味 別《わか》れに際《さい》してつくった俳句《はいく》。たいくつで長《なが》い一日《いちにち》の終《お》わりに、相手《あいて》にあくびをうつして去《さ》っていく。

中村汀女《なかむらていじょ》

出典：国立国会図書館「近代日本人の肖像」
(https://www.ndl.go.jp/portrait/)

1900～1988年《ねん》。熊本県《くまもとけん》生《う》まれ。子規《しき》の弟子《でし》の高浜虚子《たかはまきょし》の指導《しどう》を受《う》けました。日常生活《にちじょうせいかつ》を題材《だいざい》にした俳句《はいく》をつくりました。

咳《せき》の子《こ》のなぞなぞあそびきりもなや

意味 かぜでせきが出《で》て寝《ね》ている子《こ》どもの、なぞなぞ遊《あそ》びの相手《あいて》をしていると、いつまでもやめようとせず、きりがないことだ。

ミニ情報 『吾輩《わがはい》は猫《ねこ》である』、『こころ』などの小説《しょうせつ》で知《し》られる夏目漱石《なつめそうせき》だが、俳人《はいじん》でもある。英語教師《えいごきょうし》として松山《まつやま》（愛媛県《えひめけん》）に赴任《ふにん》した際《さい》に、子規《しき》と同居《どうきょ》したことをきっかけに句作《くさく》を始《はじ》めた。

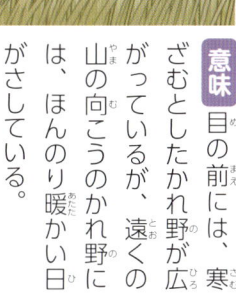

俳句《はいく》を味《あじ》わおう！

短《みじか》い言葉《ことば》の中《なか》に情景《じょうけい》や思《おも》いをよみこむ俳句《はいく》。さまざまな俳句《はいく》を鑑賞《かんしょう》し、味《あじ》わってみましょう。

大晦日《おおみそか》定《さだ》めなき世《よ》の定《さだめ》かな

井原西鶴《いはらさいかく》

意味と鑑賞 江戸《えど》時代《じだい》は、買《か》い物《もの》などでした代金《だいきん》の精《せい》算《さん》を大《おお》みそかにしていた。この世《よ》は定《さだ》めのないようなものであるが、借金《しゃっきん》の精算《せいさん》をする大《おお》みそかは、きちんとした定《さだ》めがあることだなあ。

梅《うめ》一輪《いちりん》一輪《いちりん》ほどのあたたかさ

服部嵐雪《はっとりらんせつ》

意味と鑑賞 春《はる》の初《はじ》めにさく梅《うめ》が一輪《いちりん》だけさいている。その梅《うめ》を見《み》ると、一輪《いちりん》ほどの暖《あたた》かさを感《かん》じる。「梅《うめ》の花《はな》が一輪《いちりん》ずつさくにつれてだんだん暖《あたた》かくなっていく」という解釈《かいしゃく》もある。

くろがねの秋《あき》の風鈴《ふうりん》なりにけり

飯田蛇笏《いいだだこつ》

意味と鑑賞 鉄《てつ》でできた黒《くろ》い風鈴《ふうりん》が、秋《あき》の風《かぜ》にふかれて鳴《な》っていることだ。季節《きせつ》が変《か》わったのに出《だ》したままになっている重厚《じゅうこう》な風鈴《ふうりん》が鳴《な》ったことに心《こころ》を動《うご》かされて句《く》にしたもの。

水枕《みずまくら》ガバリと寒《さむ》い海《うみ》がある

西東三鬼《さいとうさんき》

意味と鑑賞 熱《ねつ》が出《で》て、水枕《みずまくら》をあてて寝《ね》ている。頭《あたま》を動《うご》かすと、ガバリと音《おと》を立《た》てる。そこには、寒《さむ》い海《うみ》があるようだ。結核《けっかく》にかかっている作者《さくしゃ》が、寒《さむ》い海《うみ》から死《し》の恐《おそ》れを感《かん》じている。

万緑《ばんりょく》の中《なか》や吾子《あこ》の歯《は》生《は》え初《そ》むる

中村草田男《なかむらくさたお》

意味と鑑賞 初夏《しょか》に木々《きぎ》の若葉《わかば》がのびて、野山《のやま》じゅうが緑《みどり》におおわれている中《なか》で、わが子《こ》の白《しろ》い歯《は》が初《はじ》めて生《は》えてきた。生命力《せいめいりょく》を感《かん》じさせ、緑《みどり》と白《しろ》の対比《たいひ》があざやか。

句会《くかい》の楽《たの》しみ

複数《ふくすう》の人《ひと》が集《あつ》まって自作《じさく》の俳句《はいく》を出《だ》し合《あ》い、おたがいに評価《ひょうか》する「句《く》会《かい》」が行《おこな》われています。

だれがよんだかわからないようにして、各自《かくじ》がすぐれていると思《おも》う句《く》に点数《てんすう》をつけるなどして選《えら》び（自分《じぶん》の句《く》は選《えら》ばない）、上位《じょうい》の句《く》を発表《はっぴょう》するといった形式《けいしき》で進《すす》められます。句《く》を評論《ひょうろん》したりされたりする楽《たの》しさを味《あじ》わえます。

ミニ情報 「万緑《ばんりょく》」は、見《み》わたす限《かぎ》り野山《のやま》が緑《みどり》である様子《ようす》を表《あらわ》す。中村草田男《なかむらくさたお》が句《く》で使《つか》ったことで新《あたら》しく季語《きご》になった。草田男《くさたお》は、後《のち》に俳句雑誌《はいくざっし》「万緑《ばんりょく》」を創刊《そうかん》している。

小学生《しょうがくせい》がよんだ俳句《はいく》

子《こ》どもでも応募《おうぼ》できる俳句《はいく》のコンテストの優秀作品《ゆうしゅうさくひん》です。

海《うみ》のよう心《こころ》がゆれるいわし雲《ぐも》

意味と鑑賞 秋《あき》がやってきて、空《そら》にいわし雲《ぐも》が見《み》える光景《こうけい》をよんでいる。いわし雲《ぐも》が見《み》える空《そら》は、海《うみ》のようで、心《こころ》が動《うご》かされる。

約分《やくぶん》は半《はん》そでの気分夏近《きぶんなつちか》し

意味と鑑賞 算数《さんすう》の勉強《べんきょう》で約分《やくぶん》するのは、数字《すうじ》がさっぱりした気持《きも》ちがする。まるで半《はん》そでの服《ふく》にかえるようだ。そろそろ夏《なつ》も近《ちか》いことだ。

弟《おとうと》のえがおみたくて雪《ゆき》あつめ

意味と鑑賞 雪《ゆき》が降《ふ》った日《ひ》に、小《ちい》さい弟《おとうと》を喜《よろこ》ばせようと、降《ふ》った雪《ゆき》を集《あつ》めている。きょうだいに対《たい》するやさしい気持《きも》ちが感《かん》じられる。

手《て》を入《い》れたらかみつきそうなあけびだな

意味と鑑賞 あけびは秋《あき》の果実《かじつ》で、口《くち》を開《ひら》いたような形《かたち》をしている。うっかり手《て》を入《い》れたらかみつかれてしまいそうだ。

出典：佛教大学小学生俳句大賞

英語《えいご》の“HAIKU”

俳句《はいく》が海外《かいがい》にも知《し》られるようになり、海外《かいがい》の人《ひと》が英語《えいご》で俳句《はいく》のような短《みじか》い詩《し》をつくったり、日本《にっぽん》の中学校《ちゅうがっこう》などで英語教育《えいごきょういく》のために英語《えいご》の“HAIKU”をつくったりすることがあります。3行《ぎょう》で書《か》き、季節感《きせつかん》を盛《も》りこむことや、俳句《はいく》にある切《き》れ字《じ》(かな、けりなど)と似《に》たように感動《かんどう》を表《あらわ》す表現《ひょうげん》があります。

My family
watching
the migrating birds' families

意味と鑑賞 私《わたし》たち家族《かぞく》みんなで見守《みまも》っている。わたり鳥《どり》の家族《かぞく》を。家族《かぞく》が別《べつ》の家族《かぞく》を暖《あたた》かく見守《みまも》り、ともに手《て》を取《と》り合《あ》って生《い》きていこうという思《おも》いが感《かん》じられる。

first date
wrong shoes
can't concentrate

意味と鑑賞 初《はじ》めてのデートで、このくつじゃなかったとずっと上《うわ》の空《そら》だった。おしゃれなくつをはいたが、はき慣《な》れず、痛《いた》くなってしまった。

出典：伊藤園お～いお茶新俳句大賞

俳句《はいく》と絵《え》が一体《いったい》になった俳画《はいが》

俳句《はいく》を題材《だいざい》にして、その句《く》の内容《ないよう》を表《あらわ》した絵《え》とともに、題材《だいざい》となった俳句《はいく》をかく形式《けいしき》の絵画《かいが》を俳画《はいが》といいます。俳句《はいく》の世界《せかい》を、情景《じょうけい》とともに鑑賞《かんしょう》することができます。

俳人《はいじん》であるとともに画家《がか》でもあった与謝蕪村《よさぶそん》は、多《おお》くの俳画《はいが》を残《のこ》しています。

筏師画賛　与謝蕪村　出光美術館蔵

与謝蕪村《よさぶそん》の俳画《はいが》。「いかたしのみのやあらしの花衣《はなごろも》(いかだ師《し》が、散《ち》った桜《さくら》の花《はな》ふぶきでかざられ、花《はな》の衣《ころも》のようだ)」という句《く》に絵《え》がそえられている。

ミニ情報 俳画《はいが》を確立《かくりつ》した蕪村《ぶそん》は、絵画《かいが》の才能《さいのう》もあり、5種類《しゅるい》の画風《がふう》を使《つか》い分《わ》けていたといわれている。尊敬《そんけい》する芭蕉《ばしょう》の足跡《そくせき》をたどって10年《ねん》にわたり東北地方《とうほくちほう》を旅《たび》した際《さい》は、宿代《やどだい》を絵《え》ではらっていたという。

第《だい》3章《しょう》

川《せん》柳《りゅう》

川柳《せんりゅう》は、俳句《はいく》と同《おな》じ五《ご》・七《しち》・五《ご》の言葉《ことば》でつくる短《みじか》い詩《し》ですが、俳《はい》句《く》より自由《じゆう》につくります。

俳句《はいく》とはどうちがうのかな？

江戸時代《えどじだい》に始《はじ》まったそうだよ。

クイズ1

川柳《せんりゅう》という言葉《ことば》のもとになったのは何？

38ページを見《み》よう。

1 食《た》べ物《もの》の名前《なまえ》

2 人《ひと》の名前《なまえ》

3 動物《どうぶつ》の名前《なまえ》

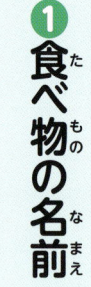

クイズ2

江戸《えど》時代《じだい》に出版《しゅっぱん》された、川柳《せんりゅう》を集《あつ》めた本《ほん》の名前《なまえ》は？

39ページを見《み》よう。

① 東海道中膝栗毛《とうかいどうちゅうひざくりげ》

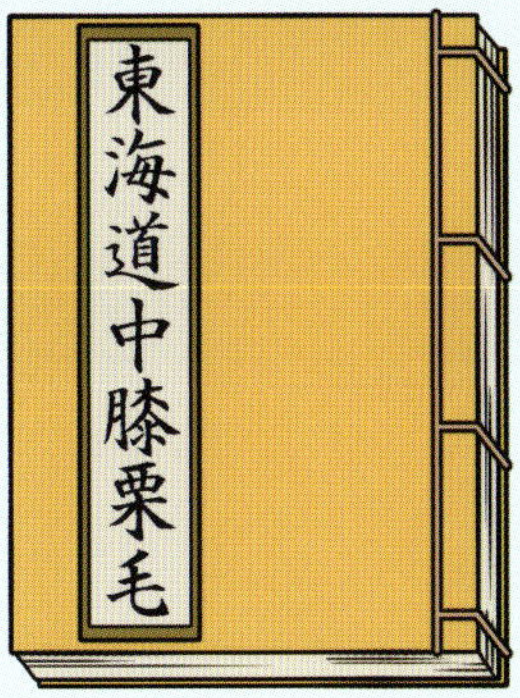

② 南総里見八犬伝《なんそうさとみはっけんでん》

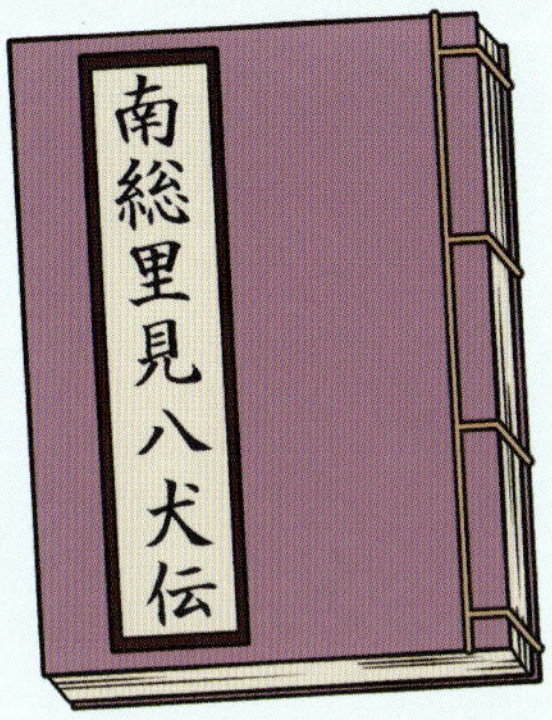

③ 誹風柳多留《はいふうやなぎだる》

クイズ3

俳句《はいく》と川柳《せんりゅう》のちがいは？

38ページを見《み》よう。

① 俳句《はいく》は日本《にっぽん》で生《う》まれたが、川柳《せんりゅう》は中国《ちゅうごく》で生《う》まれた。

② 俳句《はいく》は季語《きご》を入《い》れるが、川柳《せんりゅう》は季語《きご》を入《い》れなくてよい。

③ 俳句《はいく》は今《いま》もつくられるが、川柳《せんりゅう》は今《いま》はつくられない。

江戸時代《えどじだい》に生《う》まれた川柳《せんりゅう》

川柳《せんりゅう》は、江戸時代中期《えどじだいちゅうき》に始《はじ》まり、江戸《えど》（現在《げんざい》の東京《とうきょう》）の町人《ちょうにん》たちを中心《ちゅうしん》に流行《りゅうこう》しました。俳句《はいく》に比《くら》べてつくりやすいことから、庶民《しょみん》の間《あいだ》で人気《にんき》を集《あつ》めました。

前句付《まえくづけ》から川柳《せんりゅう》が誕生《たんじょう》

江戸時代前期《えどじだいぜんき》に、五《ご》・七《しち》・五《ご》・七《しち》・七《しち》の七《しち》・七《しち》に合《あ》う五《ご》・七《しち》・五《ご》をつける遊《あそ》びが行《おこな》われるようになりました。これを前句付《まえくづけ》といいます。この場合《ばあい》、七《しち》・七《しち》を前句《まえく》、五《ご》・七《しち》・五《ご》を付句《つけく》といいます(五《ご》・七《しち》・五《ご》に七《しち》・七《しち》をつける場合《ばあい》もある)。

この遊《あそ》びから、やがておもしろい付句《つけく》だけが独立《どくりつ》したものが川柳《せんりゅう》です。身《み》の回《まわ》りのことをおもしろおかしくよんだり、皮肉《ひにく》を交《まじ》えてよんだりするものが多《おお》いのが特《とく》ちょうです。

[前句《まえく》]　切《き》りたくもあり切《き》りたくもなし

[付句《つけく》]　盗人《ぬすっと》を捕へ《とら(え)》てみれば我《わ》が子《こ》なり

「切《き》りたくもあり切《き》りたくもなし(刀《かたな》で切《き》りつけたい気《き》もするし、切《き》りたくない気《き》もする)」と、前《まえ》句《く》が出題《しゅつだい》され、それに合《あ》う付句《つけく》を「どろぼうをつかまえたら、自分《じぶん》の子《こ》だった」とよみ、おかしみをよみこんだ一首《いっしゅ》の歌《うた》にしています。

川柳《せんりゅう》は人《ひと》の名前《なまえ》から

前句付《まえくづけ》の遊《あそ》びをするときに、そのよしあしを判定《はんてい》する「点者《てんじゃ》」がいました。点者《てんじゃ》として活《かつ》やくした柄井川柳《からいせんりゅう》は、その判定《はんてい》が見事《みごと》で評判《ひょうばん》をよびました。柄井川柳《からいせんりゅう》が選《えら》んだ前句付《まえくづけ》の付《つけ》句《く》だけを呉陵軒可有《ごりょうけんあるべし》が『誹風柳多留《はいふうやなぎだる》』という本《ほん》にまとめ、人気《にんき》を集《あつ》めました。こうして、付句《つけく》が独立《どくりつ》してつくられるようになり、この形式《けいしき》の句《く》を川柳《せんりゅう》とよぶようになりました。

柄井川柳《からいせんりゅう》

川柳《せんりゅう》の形式《けいしき》

川柳《せんりゅう》は、俳句《はいく》と同《おな》じ五《ご》・七《しち》・五《ご》でつくられますが、俳句《はいく》とちがって季語《きご》を入《い》れるという決《き》まりはありません。また、俳句《はいく》でよく用《もち》いられる切《き》れ字《じ》(や、かな、けりなど)も使《つか》わなくてもよいとされています。さらに、日《にち》常生活《じょうせいかつ》で使《つか》うような話《はな》し言葉《ことば》を使《つか》うことも特《とく》ちょうです。

孝行《こうこう》のしたい時分《じぶん》に親《おや》はなし

意味 親孝行《おやこうこう》をしたいと思《おも》うころには、親《おや》は死《し》んでしまっているものだ。

ミニ情報 前句付《まえくづけ》の点者《てんじゃ》としてすぐれ、川柳《せんりゅう》の語源《ごげん》ともなった柄井川柳《からいせんりゅう》だが、自身《じしん》がつくった川柳《せんりゅう》はほとんど知《し》られていない。確実《かくじつ》に川柳《せんりゅう》がつくったとされるのは、3句《く》のみ。

江戸川柳《えどせんりゅう》を集《あつ》めた『誹風柳多留《はいふうやなぎだる》』

『誹風柳多留《はいふうやなぎだる》』は、1765年《ねん》に初《はじ》めて出版《しゅっぱん》され、1838年《ねん》まで、合計《ごうけい》167編《へん》も発行《はっこう》されました。柄井川柳《からいせんりゅう》は、24編《へん》まで関《かか》わっています。

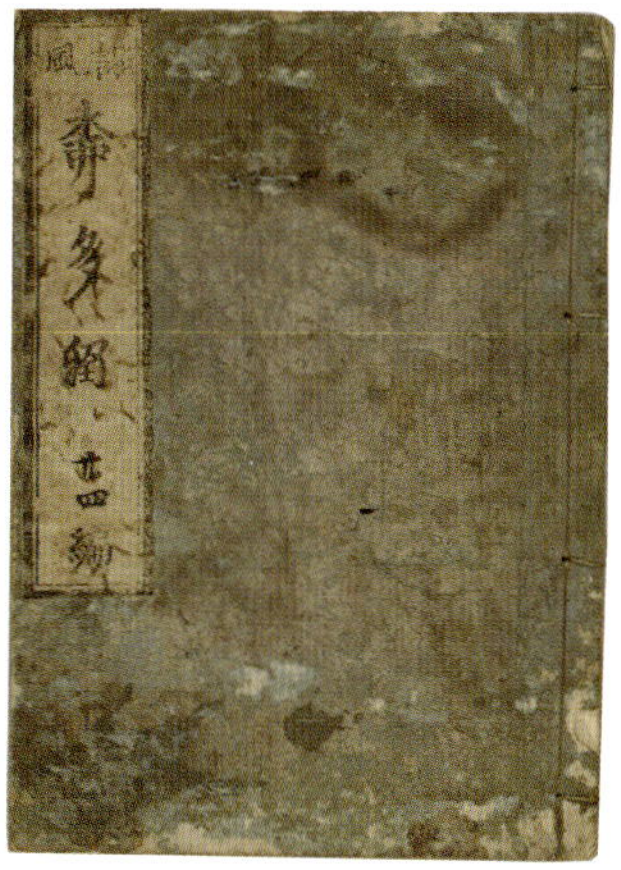

『誹風柳多留《はいふうやなぎだる》』。呉陵軒可有《ごりょうけんあるべし》の編《へん》。星運堂《せいうんどう》から出版《しゅっぱん》された。

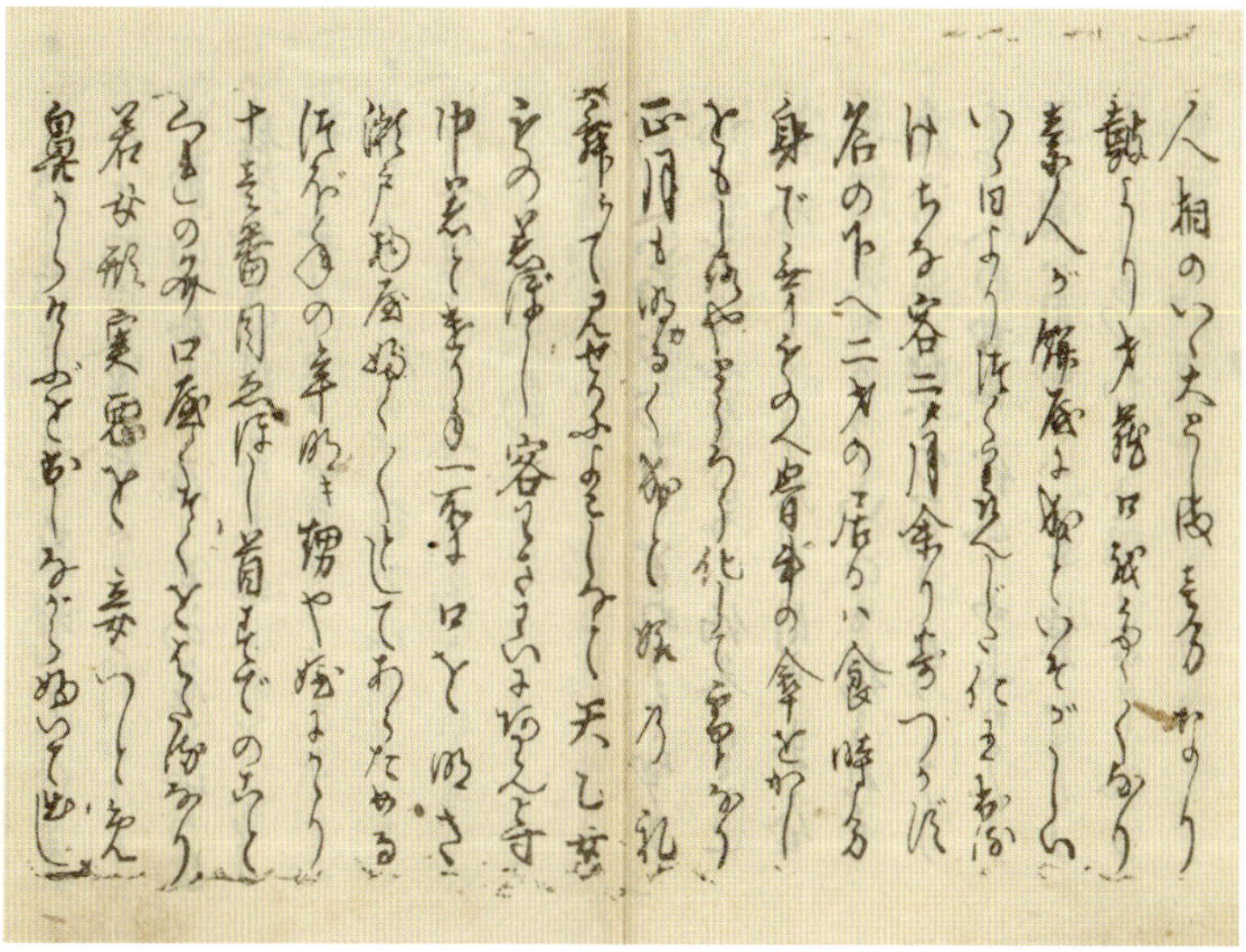

『俳諧柳多留／二十四編』（白百合女子大学図書館所蔵）

出典：国書データベース，https://doi.org/10.20730/100386776

本降《ほんぶ》りになつ《（っ）》て出《で》ていく雨宿《あまやど》り

意味 急《きゅう》に雨《あめ》が降《ふ》ってきたので、雨宿《あまやど》りをしていたのだが、やむのを待《ま》ちきれず、ちょうど本降《ほんぶ》りになったころに出《で》ていったよ。

寝《ね》ていても団扇《うちわ》の動《うご》く親《おや》ごころ

意味 暑《あつ》い日《ひ》に、母《はは》が子《こ》を寝《ね》かせている。親《おや》も寝《ね》ているのだが、寝《ね》ていても子《こ》どもをあおいでやろうと、うちわが動《うご》いている。親心《おやごころ》であることだ。

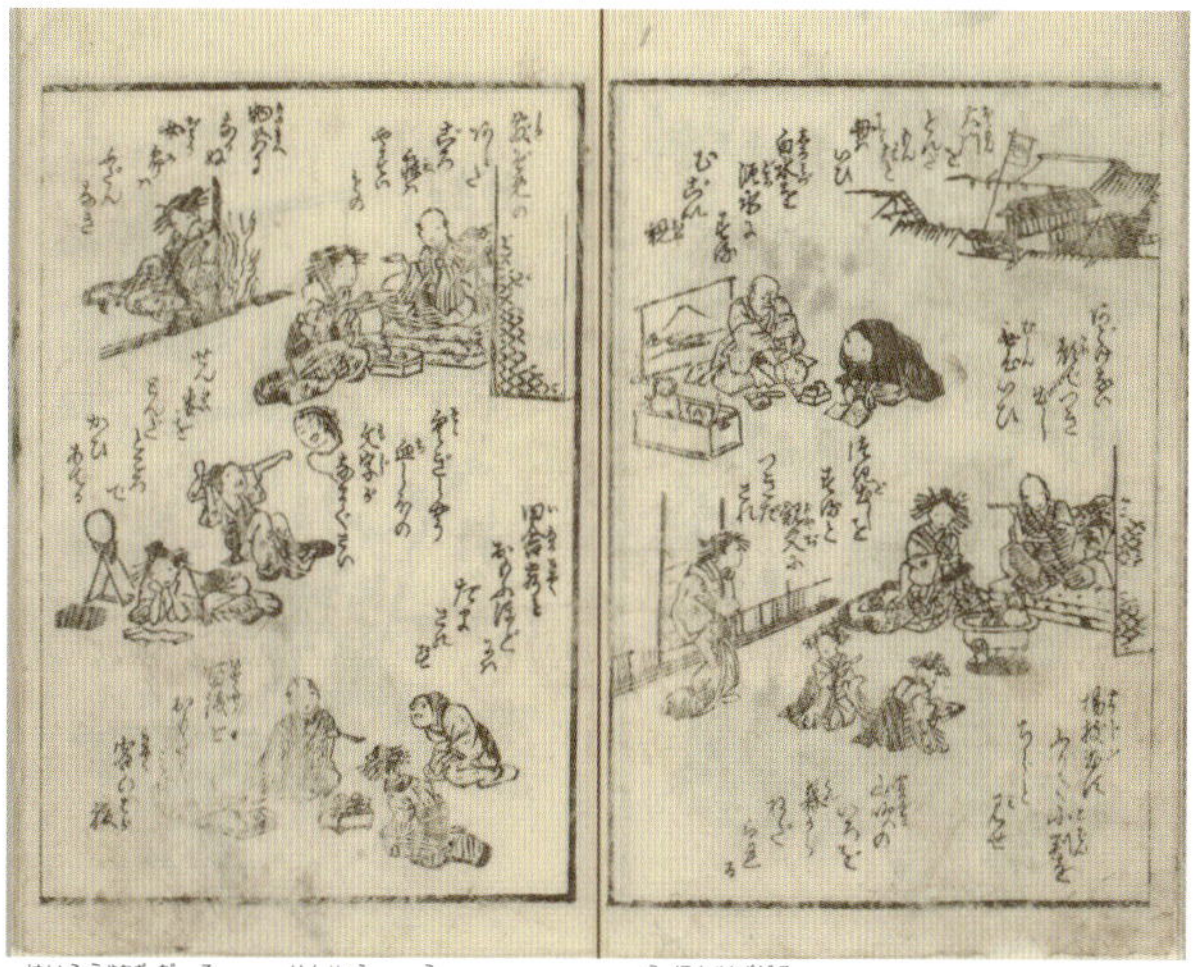

『誹風柳多留《はいふうやなぎだる》』の川柳《せんりゅう》に絵《え》をつけた『画本柳樽《えほんやなぎだる》』。

『画本柳樽』（江戸東京博物館所蔵）

出典：国書データベース，https://doi.org/10.20730/100455669

かみなりをまねて腹《はら》がけやつ《（っ）》とさせ

意味 はだかで走《はし》り回《まわ》る子《こ》どもをつかまえて、「かみなりさまにおへそをとられますよ。ゴロゴロ」といって、やっと腹《はら》がけをつけさせた。

清盛《きよもり》の医者《いしゃ》ははだかで脈《みゃく》をとり

意味 平清盛《たいらのきよもり》は、死《し》ぬ間際《まぎわ》にたいへんな高熱《こうねつ》を出《だ》して苦《くる》しんだという。医師《いし》も、暑《あつ》いのではだかで脈《みゃく》をとったのだろうか。

これ小判《こばん》たつ《（っ）》た一晩《ひとばん》いてくれろ

意味 庶民《しょみん》はなかなか見《み》ることもない小判《こばん》だが、めずらしく手元《てもと》にある。どうせすぐになくなってしまうのだが、せめて一晩《ひとばん》でもいてくれよ。

泣《な》きながら眼《まなこ》を配《くば》る形見分《かたみわ》け

意味 亡《な》くなった人《ひと》の遺品《いひん》をいただく形見分《かたみわ》け。悲《かな》しみで泣《な》きながらも、よい品《しな》をもらおうと、目《め》を配《くば》っている。

ミニ情報
『誹風柳多留《はいふうやなぎだる》』は、初編《しょへん》が刊行《かんこう》されたあと、1年置《ねんお》いて続編《ぞくへん》を刊行《かんこう》、以後《いご》はほぼ毎年刊行《まいねんかんこう》された。柄井川柳《からいせんりゅう》が関《かか》わった24編《へん》までを古川柳《こせんりゅう》、それ以降《いこう》は江戸川柳《えどせんりゅう》とよぶ。

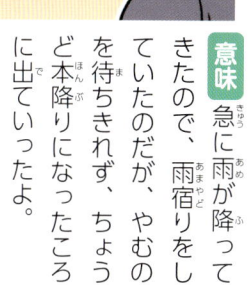

明治《めいじ》時代《じだい》以降《いこう》の川柳《せんりゅう》

江戸時代《えどじだい》にさかんにつくられた川柳《せんりゅう》は、明治時代《めいじじだい》になると新聞《しんぶん》に掲載《けいさい》されるようになり、庶民《しょみん》に愛《あい》されました。その伝統《でんとう》は、現代《げんだい》にまで続《つづ》いています。

明治時代《めいじじだい》の川柳《せんりゅう》

江戸時代末期《えどじだいまっき》になると、川柳《せんりゅう》はこっけい味《み》が強《つよ》くなり、だじゃれのような句《く》が多《おお》くつくられるようになりました。

明治《めいじ》30年代《ねんだい》になると、川柳《せんりゅう》を革新《かくしん》する動《うご》きが現《あらわ》れ、阪井久良伎《さかいくらき》や井上剣花坊《いのうえけんかぼう》らが味《あじ》わいのある川柳《せんりゅう》をつくり、新川柳《しんせんりゅう》とよばれました。

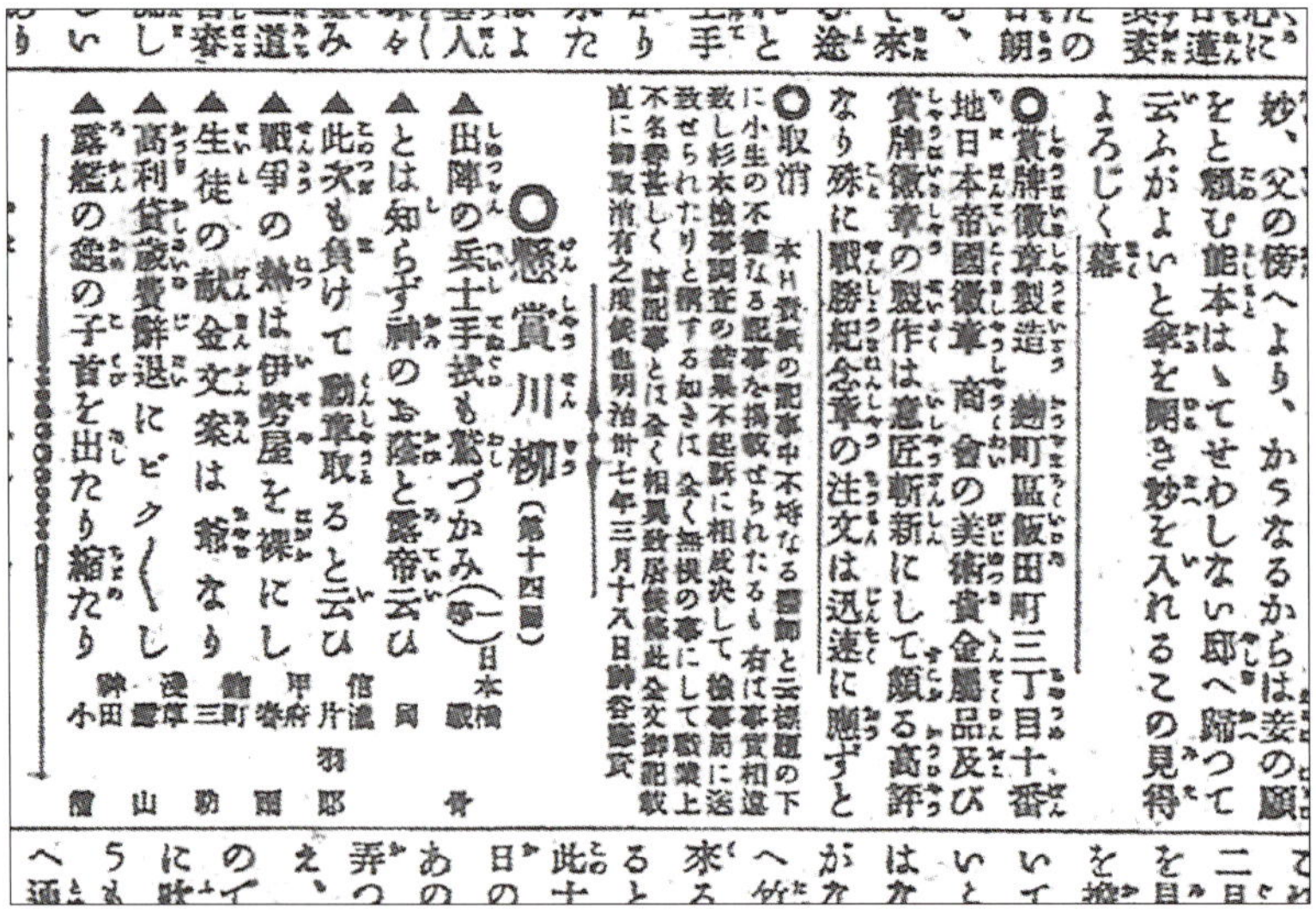
妙、父の傍へより、からなるからは妾の願をと頼む龍本は、てせわしない邸へ帰って云ふがよいと傘を開き妙を入れるこの見得よろしく幕

○賞牌徽章製造　麹町区飯田町三丁目十番地日本帝國徽章商會の美術賞金牌品及び賞牌徽章の製作は意匠斬新にして頗る高評なり殊に戦勝紀念章の注文は迅速に應ずと

○取消　本月賀紙の記事中不埒なる醫師と云ふ題の下に小生の不徳なる記事を掲載せられたるも右は事實相違致し杉本檢事調査の結果不起訴に相成決して檢事局に送致せられたりと稱する如きは全く無根の事にして職業上不名譽甚しく該記事とは全く相異致居候條此全文御記載直に御取消有之度候也　明治卅七年三月十八日 [illegible]

○懸賞川柳（第十四回）

▲出陣の兵士手袋も鷲づかみ（一等）　日本橋 觀骨

▲とは知らず神のお蔭と露帝云ひ　同

▲此次も負けて勲章取ると云ひ　信濃 片羽郎

▲戦争の熱は伊勢屋を裸にし　甲府 [illegible]

▲生徒の献金文案は爺なり　[illegible]

▲高利貸議費辞退にビクビクし　浅草 [illegible]

▲露艦の亀の子首を出たり縮たり　神田 [illegible]

明治時代《めいじじだい》の新聞《しんぶん》の川柳欄《せんりゅうらん》。

『電報新聞』（明治 37 年）　国会図書館蔵

阪井久良伎《さかいくらき》

1869～1945年《ねん》。明治《めいじ》～昭和時代《しょうわじだい》の川柳作家《せんりゅうさっか》。現在《げんざい》の神奈川県横浜市《かながわけんよこはまし》に生《う》まれました。新聞社《しんぶんしゃ》の美術記者《びじゅつきしゃ》を経《へ》て新聞「日本《にほん》」に入社《にゅうしゃ》、「電報新聞《でんぽうしんぶん》」に移《うつ》ってから、本格的《ほんかくてき》に川柳革新《せんりゅうかくしん》に取《と》り組《く》みました。1905年《ねん》に日本初《にっぽんはつ》の川柳雑誌《せんりゅうざっし》「五月鯉《さつきごい》」を創刊《そうかん》しました。

トタン葺《ぶ》き春雨《はるさめ》を聞《き》く屋根《やね》でなし

意味 春雨《はるさめ》は静《しず》かに降《ふ》るものだが、新《あたら》しい材質《ざいしつ》のトタンの屋根《やね》は音《おと》がして、風流《ふうりゅう》ではないなあ。

午後三時《ごごさんじ》永田町《ながたちょう》から花《はな》が降《ふ》り

意味 永田町《ながたちょう》には、華族女学校《かぞくじょがっこう》があり、午後《ごご》三時《さんじ》の下校時刻《げこうじこく》ごろには、令嬢《れいじょう》たちが花《はな》が降《ふ》るように出《で》てくる。

井上剣花坊《いのうえけんかぼう》

1870～1934年《ねん》。明治《めいじ》～昭和時代《しょうわじだい》の川柳作家《せんりゅうさっか》。山口県《やまぐちけん》生まれ。新聞記者《しんぶんきしゃ》などを務《つと》めた後《のち》に上京《じょうきょう》し、新聞「日本《にほん》」に入社《にゅうしゃ》しました。機関誌《きかんし》「川柳《せんりゅう》」を創刊《そうかん》し、川柳《せんりゅう》の革新《かくしん》を主張《しゅちょう》しました。川柳界《せんりゅうかい》の先頭《せんとう》に立《た》ち、64歳《さい》で亡《な》くなるまで川柳《せんりゅう》をつくり続《つづ》けました。

何《なに》よりも母《はは》の乳房《ちぶさ》は甘《あま》かりし

意味 母親《ははおや》の乳《ちち》というものは、どんなものよりもあまかったものだ。

春《はる》の街電車《まちでんしゃ》の道《みち》の人通《ひとどお》り

意味 東京《とうきょう》の市内電車《しないでんしゃ》のストライキのため、正月《しょうがつ》に電車《でんしゃ》が通《とお》る道《みち》を人《ひと》が通《とお》っている。

ミニ情報 阪井久良伎《さかいくらき》、井上剣花坊《いのうえけんかぼう》の川柳革新《せんりゅうかくしん》が進《すす》むと、新聞《しんぶん》「日本《にほん》」や「電報新聞《でんぽうしんぶん》」に続《つづ》いて、「日出国新聞《やまとしんぶん》」、「読売新聞《よみうりしんぶん》」、「都新聞《みやこしんぶん》」、「中央新聞《ちゅうおうしんぶん》」でも川柳欄《せんりゅうらん》がつくられた。

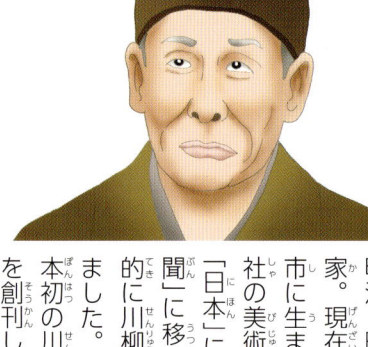

大正《たいしょう》～昭和時代《しょうわじだい》の川柳《せんりゅう》

　大正時代《たいしょうじだい》には、阪井久良伎《さかいくらき》や井上剣花坊《いのうえけんかぼう》の弟子《でし》から川柳作家《せんりゅうさっか》が現《あらわ》れました。昭和時代前期《しょうわじだいぜんき》、日本《にっぽん》が戦争《せんそう》に向《む》かって進《すす》んでいく時期《じき》には、反戦《はんせん》をよむ川柳《せんりゅう》もつくられました。

　戦前《せんぜん》から戦後《せんご》にかけて、六大家《ろくたいか》とよばれる川柳作家《せんりゅうさっか》が活《かつ》やくしました。

掌《てのひら》に運《うん》があるとは面白《おもしろ》し
村田周魚《むらたしゅうぎょ》

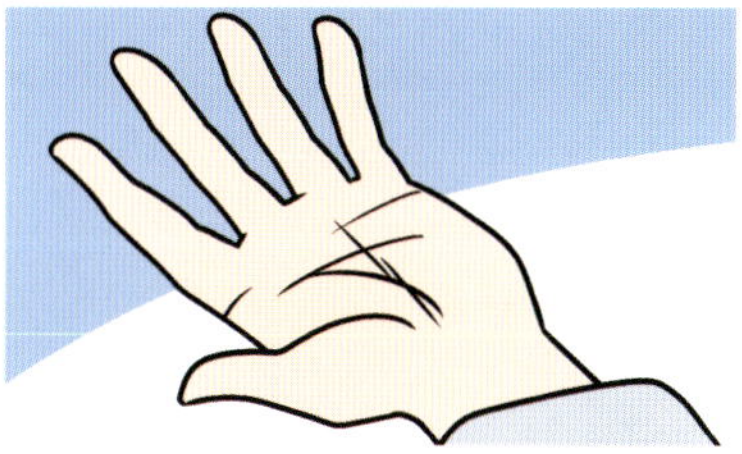

意味　手相《てそう》うらないは、てのひらの線《せん》を見《み》て判断《はんだん》する。てのひらに運《うん》があるとはおもしろいことだなあ。

馬顔《うまかお》をそむけて馬《うま》とすれちがい
川上三太郎《かわかみさんたろう》

意味　馬同士《うまどうし》がすれちがうとき、おたがいに顔《かお》をそむけるようにしている。馬《うま》に意思《いし》があるように見《み》えることだ。

音《おと》もなく花火《はなび》のあがる他所《よそ》の町《まち》
前田雀郎《まえだじゃくろう》

意味　旅《たび》にあって、よその知《し》らない町《まち》で見《み》る花火《はなび》は、その音《おと》も耳《みみ》に入《はい》らないほどさびしいものだ。

寝転《ねころ》べば畳一帖《たたみいちじょう》ふさぐのみ
麻生路郎《あそうじろう》

意味　どんなに富《とみ》や地位《ちい》があろうと、自分《じぶん》のからだひとつでふさげるのは、たたみ1枚《まい》ほどにすぎない。

知《し》ってるかあはゝ《（は）》と手品《てじな》やめにする
相元紋太《すぎもともんた》

意味　手品《てじな》を見《み》せようとしたら、相手《あいて》はそのたねを知《し》っているという。「あはは」と笑《わら》って手品《てじな》はやめにした。

ぬぎすててうちが一番《いちばん》よいといふ《（う）》
岸本水府《きしもとすいふ》

意味　外出《がいしゅつ》して家《いえ》にもどるやいなや、外出着《がいしゅつぎ》をぬぎ捨《す》てて、「うちがいちばんいいな」というよ。

渡《わた》し舟《ぶね》花屋《はなや》は蝶《ちょう》を連《つ》れて乗《の》り
高木角恋坊《たかぎかくれんぼう》

意味　舟《ふね》に乗《の》って川《かわ》を渡《わた》る。花屋《はなや》はその花《はな》にひかれる蝶《ちょう》を連《つ》れて乗《の》っていることだ。

万歳《ばんざい》とあげて行《い》った手《て》を大陸《たいりく》へおいてきた
鶴彬《つるあきら》

意味　戦争《せんそう》に行《い》くときは、「万歳《ばんざい》」といって手《て》をあげていった。その手《て》を戦争《せんそう》でなくし、戦地《せんち》に置《お》いてきてしまった。

あきらめて歩《ある》けば月《つき》も歩《ある》きだし
小林不浪人《こばやしふろうにん》

意味　「もうくよくよするのはやめよう」と気持《きも》ちに区切《くぎ》りをつけて歩《ある》き出《だ》す。空《そら》には月《つき》が出《で》ていて、月《つき》も自分《じぶん》についてくる。

決《き》まりごとが
少《すく》ないから気軽《きがる》に
つくれそう！

ミニ情報　1940年《ねん》に日本川柳協会《にほんせんりゅうきょうかい》が発足《ほっそく》し、前田雀郎《まえだじゃくろう》、村田周魚《むらたしゅうぎょ》、岸本水府《きしもとすいふ》、川上三太郎《かわかみさんたろう》、麻生路郎《あそうじろう》、相元紋太《すぎもともんた》の6人《にん》（六大家《ろくたいか》・六巨頭《ろくきょとう》）が、1965年《ねん》ごろまで活《かつ》やくした。

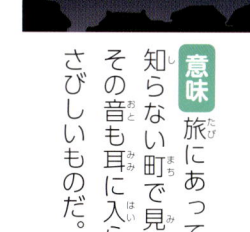

川柳《せんりゅう》を楽《たの》しもう!

川柳《せんりゅう》を鑑賞《かんしょう》しよう

江戸時代《えどじだい》の川柳《せんりゅう》は、皮肉《ひにく》をこめた句《く》や、日常《にちじょう》のちょっとしたできごとに目《め》を向《む》けた句《く》などが見《み》られます。また、当時《とうじ》の暮《く》らしの様子《ようす》をうかがうこともできます。味《あじ》わってみましょう。

国《くに》の母《はは》生《う》まれた文《ふみ》をだきあるき

意味 ふるさとの母親《ははおや》が孫《まご》が生《う》まれたことを知《し》らせる手紙《てがみ》を大切《たいせつ》にだいている様子《ようす》。

母親《ははおや》はもつ《（っ）》たいないがだましよい

意味 いけないことだが、母親《ははおや》というものは子《こ》どもにあまく、だましやすい。

にげしなに覚《おぼ》えていろは負《ま》けたやつ

意味 「覚《おぼ》えてろ!」と去《さ》っていくのは、負《ま》けたほうだ。

相性《あいしょう》は聞《き》きたし年《とし》はかくしたし

意味 うらないで相性《あいしょう》を知《し》りたいが、年《とし》を言《い》わないといけないのはちょっといやだなあ。

ひんぬいた大根《だいこん》で道《みち》をおしへ《（え）》られ

意味 農村《のうそん》で道《みち》を聞《き》いたら、ひっこぬいた大根《だいこん》でさして教《おし》えてくれた。

かんざしも逆手《さかて》に持《も》てばおそろしい

意味 女性《じょせい》をかざるかんざしも、逆手《さかて》にもたれると、さされるのではないかとこわいなあ。

美《うつく》しい顔《かお》で楊貴妃《ようきひ》ぶたを食《く》い

意味 中国《ちゅうごく》で、絶世《ぜっせい》の美女《びじょ》と言《い》われた楊貴妃《ようきひ》も、きれいな顔《かお》でぶたを食《た》べたのだなあ。

どつ《（っ）》からか出《だ》して女房帯《にょうぼうおび》を買《か》い

意味 女房《にょうぼう》(妻《つま》)が、へそくりを出《だ》してきて帯《おび》を買《か》っているよ。

里帰《さとがえ》り話《はな》さぬことは母《はは》聞《き》かず

意味 むすめが、とついだ先《さき》から家《いえ》に帰《かえ》ってきている。自分《じぶん》から話《はな》さないことは、母親《ははおや》もあえて聞《き》かないようにしている。

煮加減《にかげん》は口《くち》でのの字《じ》を書《か》いて見《み》る

意味 いもの煮《に》たものを味見《あじみ》するのに、熱《あつ》くて口《くち》をもごもご動《うご》かしている。

古《ふる》い木《き》や買《か》わず取《と》り込《こ》むけちな湯屋《ゆや》

意味 たき木《ぎ》を買《か》わず、そこらから拾《ひろ》ってくる銭湯《せんとう》があるが、なんともけちなことだ。芭蕉《ばしょう》の「古《ふる》池《いけ》やかわづ《（ず）》飛《と》びこむ水《みず》の音《おと》」の句《く》をもじったもの。

ミニ情報 浮世絵師《うきよえし》として有名《ゆうめい》な葛飾北斎《かつしかほくさい》は、卍《まんじ》などの名前《なまえ》で川柳《せんりゅう》もよくつくった。『誹風柳多留《はいふうやなぎだる》』に、182句《く》が採用《さいよう》されている。『誹風柳多留《はいふうやなぎだる》』の序文《じょぶん》を書《か》いたり、選者《せんじゃ》を務《つと》めたりしたこともあった。

いろいろなテーマでつくった川柳《せんりゅう》を味《あじ》わってみましょう。

テーマ：宇宙《うちゅう》

いつの日《ひ》かアプリで出会《であ》う火星人《かせいじん》

楽《たの》しみだね！

打《う》ち上《あ》がる私《わたし》の恋《こい》はフライバイ

ハネムーン親《おや》はハワイで子《こ》はムーン

新婚旅行《しんこんりょこう》で月《つき》に行《い》きたいな！

出典：宇宙エンタメコンテスト
主催：ノバリ株式会社

テーマ：SDGs

マイボトル忘《わす》れて家《いえ》に舞《ま》い戻《もど》る

たいへんだちきゅうがおねつくすりどこ

地球温暖化《ちきゅうおんだんか》が心配《しんぱい》だね。

出典：5・7・5でめざすよりよい未来小学生「SDGs川柳」コンクール
主催：朝日学生新聞社

テーマ：旅《たび》

予備知識《よびちしき》薄《うす》めにしたら濃《こ》い旅《たび》に

都会《とかい》出《で》て最初《さいしょ》の一言《ひとこと》ビルたけぇ～

超高層《ちょうこうそう》ビルの高《たか》さにはびっくりするよ。

出典：日本旅のペンクラブ「旅の日」川柳

テーマ：健康《けんこう》

老《お》いたのはその分元気《ぶんげんき》でいた証《あかし》

健康《けんこう》の理由《りゆう》はきっと孫《まご》の世話《せわ》

出典：健康川柳
主催：株式会社ドクターズプラザ

テーマ：食品《しょくひん》ロス・ゼロ

フードロス 残《のこ》していいのは 笑顔《えがお》だけ

規格外《きかくがい》 人《ひと》も野菜《やさい》も 味《あじ》がある

残《のこ》さず食《た》べよう！

出典：令和6年度「めざせ！食品ロス・ゼロ」川柳コンテスト
主催：消費者庁

ミニ情報

川柳《せんりゅう》は気軽《きがる》につくれることから、さまざまな企業《きぎょう》や地方自治体《ちほうじちたい》などが主催《しゅさい》してコンテストが行《おこな》われている。テーマを決《き》めて、それに関係《かんけい》する川柳《せんりゅう》を募集《ぼしゅう》することが多《おお》い。

狂歌《きょうか》

五《ご》・七《しち》・五《ご》・七《しち》・七《しち》の和歌《わか》と同《おな》じ形式《けいしき》の歌《うた》で、伝統《でんとう》的《てき》な和歌《わか》の格式《かくしき》などをあえてからかい、言葉遊《ことばあそ》びを楽《たの》しみます。昔《むかし》の和歌《わか》のパロディも多《おお》くあります。

江戸時代後期《えどじだいこうき》の狂歌《きょうか》の流行《りゅうこう》

狂歌《きょうか》は、江戸時代前期《えどじだいぜんき》には、上方《かみがた》(大阪《おおさか》・京都《きょうと》)を中心《ちゅうしん》に、江戸時代後期《えどじだいこうき》には江戸《えど》(現在《げんざい》の東京《とうきょう》)を中心《ちゅうしん》に流行《りゅうこう》しました。18世紀後半《せいきこうはん》の天明年間《てんめいねんかん》を中心《ちゅうしん》に、江戸《えど》で多《おお》くの狂歌師《きょうかし》が出《で》て、最《もっと》もさかんに行《おこな》われました。

狂歌流行《きょうかりゅうこう》の火《ひ》付《つ》け役《やく》となった『万載狂歌集《まんざいきょうかしゅう》』。勅撰和歌集《ちょくせんわかしゅう》の『千載和歌集《せんざいわかしゅう》』(→11ページ)のパロディ。千《せん》を万《まん》に、和《わ》を狂《きょう》にかえている。

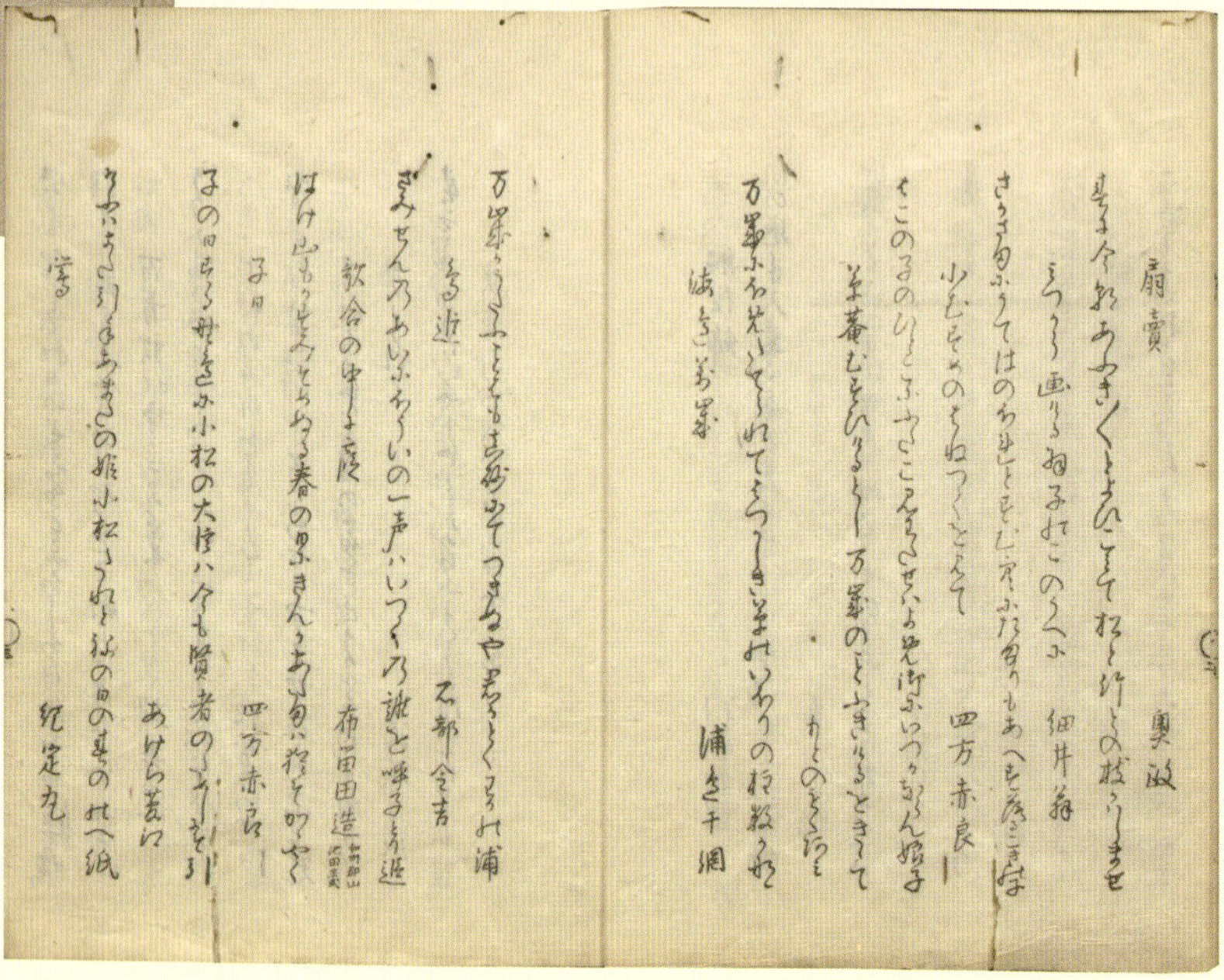

『萬載狂歌集』(武庫川女子大学附属図書館所蔵)
出典：国書データベース，https://doi.org/10.20730/100392051

代表的《だいひょうてき》な狂歌師《きょうかし》

大田南畝《おおたなんぽ》(蜀山人《しょくさんじん》)

1749～1823年《ねん》。江戸《えど》時代後期《じだいこうき》の狂歌師《きょうかし》。四方赤良《よものあから》という名前《なまえ》も使《つか》いました。朱楽菅江《あけらかんこう》とともに『万載狂歌集《まんざいきょうかしゅう》』を編集《へんしゅう》しました。洒落本《しゃれぼん》(こっけいな小説《しょうせつ》)なども多《おお》く書《か》いています。

朱楽菅江《あけらかんこう》

1740～1800年《ねん》(没年《ぼつねん》は、1798年《ねん》とも)。江戸時《えどじ》代後期《だいこうき》の狂歌師《きょうかし》。俳諧《はいかい》や和歌《わか》を学《まな》び、大田南畝《おおたなんぽ》らと狂歌《きょうか》をつくり人気《にんき》を得《え》ました。洒落本《しゃれぼん》(こっけいな小説《しょうせつ》)も書《か》いています。

唐衣橘洲《からころもきっしゅう》

1744～1802年《ねん》。江戸《えど》時代後期《じだいこうき》の狂歌師《きょうかし》。大田南畝《おおたなんぽ》、朱楽菅江《あけらかんこう》とともに狂歌三大家《きょうかさんたいか》といわれました。『狂歌若葉集《きょうかわかばしゅう》』を刊行《かんこう》しましたが、『万載狂歌集《まんざいきょうかしゅう》』に比《くら》べると不評《ふひょう》でした。

ミニ情報

狂歌師《きょうかし》として知《し》られる大田南畝《おおたなんぽ》は幕臣《ばくしん》としても優秀《ゆうしゅう》だった。死《し》ぬ前《まえ》には「今《いま》までは人《ひと》のことだと思《おも》ふ《(う)》たに俺《おれ》が死《し》ぬとはこいつはたまらん」という狂歌《きょうか》をよんだ。

さまざまな狂歌《きょうか》

ほとゝ《(と)》ぎす鳴《な》きつるあとにあきれたる
後徳大寺《ごとくだいじ》の有明《ありあけ》の顔《かお》

大田南畝《おおたなんぽ》

意味 藤原実定《ふじわらのさねさだ》(後徳大寺《ごとくだいじ》)の「ほととぎす鳴《な》きつる方《かた》をながむればただ有明《ありあけ》の月《つき》ぞ残《のこ》れる」をふまえ、ほととぎすの鳴《な》き声《ごえ》だけがして姿《すがた》が見《み》えないので後《ご》徳大寺《とくだいじ》のあきれた顔《かお》があるとからかっている。

泰平《たいへい》の眠《ねむ》りを覚《さ》ます上喜撰《じょうきせん》
たつた四杯《しはい》で夜《よる》も眠《ねむ》れず

読《よ》み人知《びとし》らず

意味 長《なが》い泰平《たいへい》の時代《じだい》が続《つづ》いていたが、1853年《ねん》にアメリカのペリー率《ひき》いる蒸《じょう》気船《きせん》四《よん》せきがやってきて大《おお》騒動《そうどう》になった。四《し》はい(せき)の蒸気船《じょうきせん》で起《お》こった騒動《そうどう》を、高級《こうきゅう》なお茶《ちゃ》の上喜撰《じょうきせん》を四《よん》はい飲《の》んでねむれないことにたとえて皮肉《ひにく》っている。

白河《しらかわ》の清《きよ》きに魚《うお》のすみかねて
もとの濁《にご》りの田沼《たぬま》こひしき

読《よ》み人知《びとし》らず

意味 江戸時代中期《えどじだいちゅうき》に悪政《あくせい》を批判《ひはん》されて失脚《しっきゃく》した田沼意次《たぬまおきつぐ》にかわり、松平定信《まつだいらさだのぶ》(白河藩主《しらかわはんしゅ》)が老中《ろうじゅう》になった。だが、清廉《せいれん》すぎて息苦《いきぐる》しい。水《みず》がきれいすぎると魚《さかな》がすめないといわれるように、にごっていた田沼時代《たぬまじだい》がなつかしい。

歌《うた》よみは下手《へた》こそよけれ
天地《あめつち》の動《うご》き出《いだ》してたまるものかは

宿屋飯盛《やどやのめしもり》

意味 『古今和歌集《こきんわかしゅう》』の仮名序《かなじょ》(→7ページ)に、「すぐれた和歌《わか》は天地《あめつち》を動《うご》かす」とあるのをふまえ、「歌人《かじん》はへたなほうがよい。天地《てんち》が動《うご》いてはたまらないから」とよんでいる。

とれば又《また》とるほど損《そん》の行《ゆ》く年《とし》を
くるくるくると思《おも》ふおろかさ

唐衣橘洲《からごろもきっしゅう》

意味 年《とし》をとればとるほど損《そん》がいく(損《そん》をする)というのに、年《とし》が暮《く》れて明《あ》けるのを待《ま》ち望《のぞ》んでいるのもおろかなものだなあ。

この世《よ》をばどりや《(や)》お暇《いとま》に線香《せんこう》の
煙《けむり》と共《とも》に灰《はい》さや《(よ)》うなら

十返舎一九《じっぺんしゃいっく》

意味 戯作者《げさくしゃ》(小説家《しょうせつか》)だった一九《いっく》が、死《し》に際《さい》してよんだ狂歌《きょうか》。そろそろこの世《よ》をおさらばします。線香《せんこう》のけむりと灰《はい》といっしょに、「はい、さようなら」と、最後《さいご》まで軽《かる》い調子《ちょうし》で別《わか》れのあいさつをしたもの。

いつ見《み》てもさてお若《わか》いと口々《くちぐち》に
ほめそやさるる年《とし》ぞくやしき

朱楽菅江《あけらかんこう》

意味 「いつ見《み》てもお若《わか》いですね」というのは、年《とし》をとっているからこそである。だれからもそんなふうにほめられる年《とし》になったのがくやしいなあ。

ミニ情報 「それにつけても金《かね》のほしさよ」は、どんな上《かみ》の句《く》につけても狂歌《きょうか》になってしまう下《しも》の句《く》として流行《りゅうこう》した。これを「金《かね》ほし付合《つけあい》」といった。

年表《ねんぴょう》 和歌《わか》・俳句《はいく》・川柳《せんりゅう》

年代《ねんだい》	700	800	900	1000	1100	1200
時代《じだい》	飛鳥《あすか》	奈良《なら》	平安《へいあん》			鎌倉《かまくら》

主《おも》なできごと

- 都《みやこ》が平城京《へいじょうきょう》にうつされる
- 都《みやこ》が平安京《へいあんきょう》にうつされる
- 鎌倉幕府《かまくらばくふ》が開《ひら》かれる

和歌《わか》

- **8世紀半《せいきなか》ば** 『万葉集《まんようしゅう》』ができる。
- **平安時代前期《へいあんじだいぜんき》** 『古今和歌集《こきんわかしゅう》』ができる。

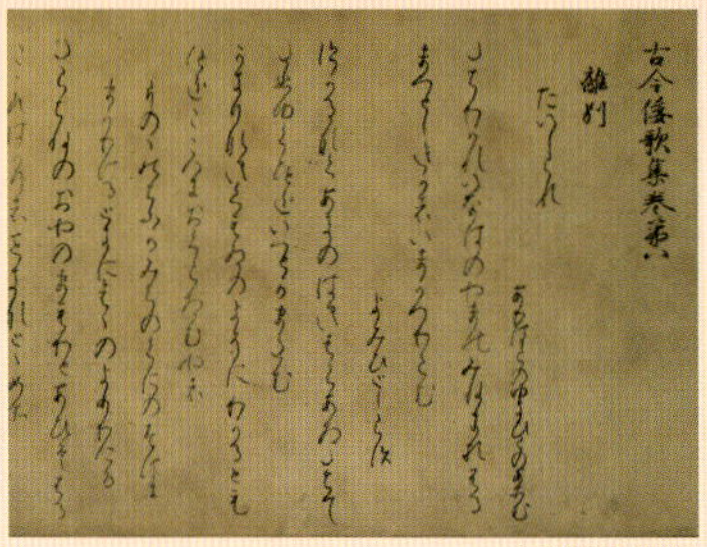

毛利博物館蔵

- **平安時代末期《へいあんじだいまっき》** 『山家集《さんかしゅう》』ができる。
- **鎌倉時代初期《かまくらじだいしょき》** 『新古今和歌集《しんこきんわかしゅう》』ができる。
- **1213** 『金槐和歌集《きんかいわかしゅう》』ができる。
- **13世紀前半《せいきぜんはん》** 藤原定家《ふじわらのさだいえ》が「小倉百人一首《おぐらひゃくにんいっしゅ》」を選《えら》ぶ。

俳句《はいく》

- **11～12世紀《せいき》** 連歌《れんが》がさかんになる。
- **13世紀《せいき》** 連歌《れんが》の会《かい》が開《ひら》かれるようになる。

和歌《わか》は1000年《ねん》以上前《いじょうまえ》からよまれていたんだね。
俳句《はいく》は連歌《れんが》から生《う》まれたんだった。
川柳《せんりゅう》は250年《ねん》くらい前《まえ》からつくられているね。

川柳《せんりゅう》

ミニ情報 『古今和歌集《こきんわかしゅう》』の選者《せんじゃ》のひとり紀貫之《きのつらゆき》は、6人《にん》の歌人《かじん》を取《と》り上《あ》げてそれぞれの歌風《かふう》を批評《ひひょう》している。僧正遍昭《そうじょうへんじょう》、在原業平《ありわらのなりひら》、文屋康秀《ふんやのやすひで》、喜撰法師《きせんほうし》、小野小町《おののこまち》、大伴黒主《おおとものくろぬし》で、六歌仙《ろっかせん》といわれる。

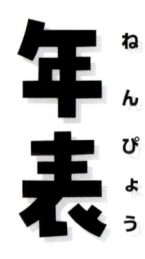

1300–1400	南北朝《なんぼくちょう》
1400–1600	室町《むろまち》
1500	戦国《せんごく》
1600	安土《あづち》桃山《ももやま》
1600–1800	江戸《えど》
1900	明治《めいじ》
1900	大正《たいしょう》
1900–2000	昭和《しょうわ》
2000	平成《へいせい》
2000	令和《れいわ》

室町幕府《むろまちばくふ》が開《ひら》かれる

江戸幕府《えどばくふ》が開《ひら》かれる

明治維新《めいじいしん》

太平洋戦争《たいへいようせんそう》

1439 最後《さいご》の勅撰和歌集《ちょくせんわかしゅう》『新続古今和歌集《しんしょくこきんわかしゅう》』ができる。

1898 正岡子規《まさおかしき》が『歌《うた》よみに与《あた》ふる書《しょ》』を連載《れんさい》する。

1901 与謝野晶子《よさのあきこ》『みだれ髪《がみ》』

1987 俵万智《たわらまち》『サラダ記念日《きねんび》』

1488 宗祇《そうぎ》が連歌《れんが》の「水無瀬三吟百韻《みなせさんぎんひゃくいん》」をよむ。

16世紀《せいき》 俳諧《はいかい》（こっけいな）連歌《れんが》が行《おこな》われるようになる。

17世紀前半《せいきぜんはん》 松永貞徳《まつながていとく》、西山宗因《にしやまそういん》らが俳諧《はいかい》をつくる。

1694 松尾芭蕉《まつおばしょう》『おくのほそ道《みち》』

1777 与謝蕪村《よさぶそん》『新花摘《しんはなつみ》』

1819 小林一茶《こばやしいっさ》『おらが春《はる》』（1852刊行《かんこう》）

1895 正岡子規《まさおかしき》が『俳諧大要《はいかいたいよう》』を著《あらわ》し、俳句革新運動《はいくかくしんうんどう》が起《お》こる。

1765 柄井川柳《からいせんりゅう》が選《えら》んだ句《く》を編集《へんしゅう》した『誹風柳多留《はいふうやなぎだる》』ができる。

1900年《ねん》ごろ 川柳《せんりゅう》を刷新《さっしん》する動《うご》きが起《お》こる。

20世紀前半《せいきぜんはん》 川柳六大家《せんりゅうろくたいか》が活《かつ》やくする。

ミニ情報 芭蕉《ばしょう》は多《おお》くの弟子《でし》を育《そだ》てている。とくにすぐれた榎本其角《えのもときかく》、服部嵐雪《はっとりらんせつ》、向井去来《むかいきょらい》ら10人《にん》は「蕉門《しょうもん》の十哲《じってつ》」と称《しょう》される。去来《きょらい》は、芭蕉《ばしょう》とその門人《もんじん》の俳論《はいろん》を『去来抄《きょらいしょう》』にまとめている。

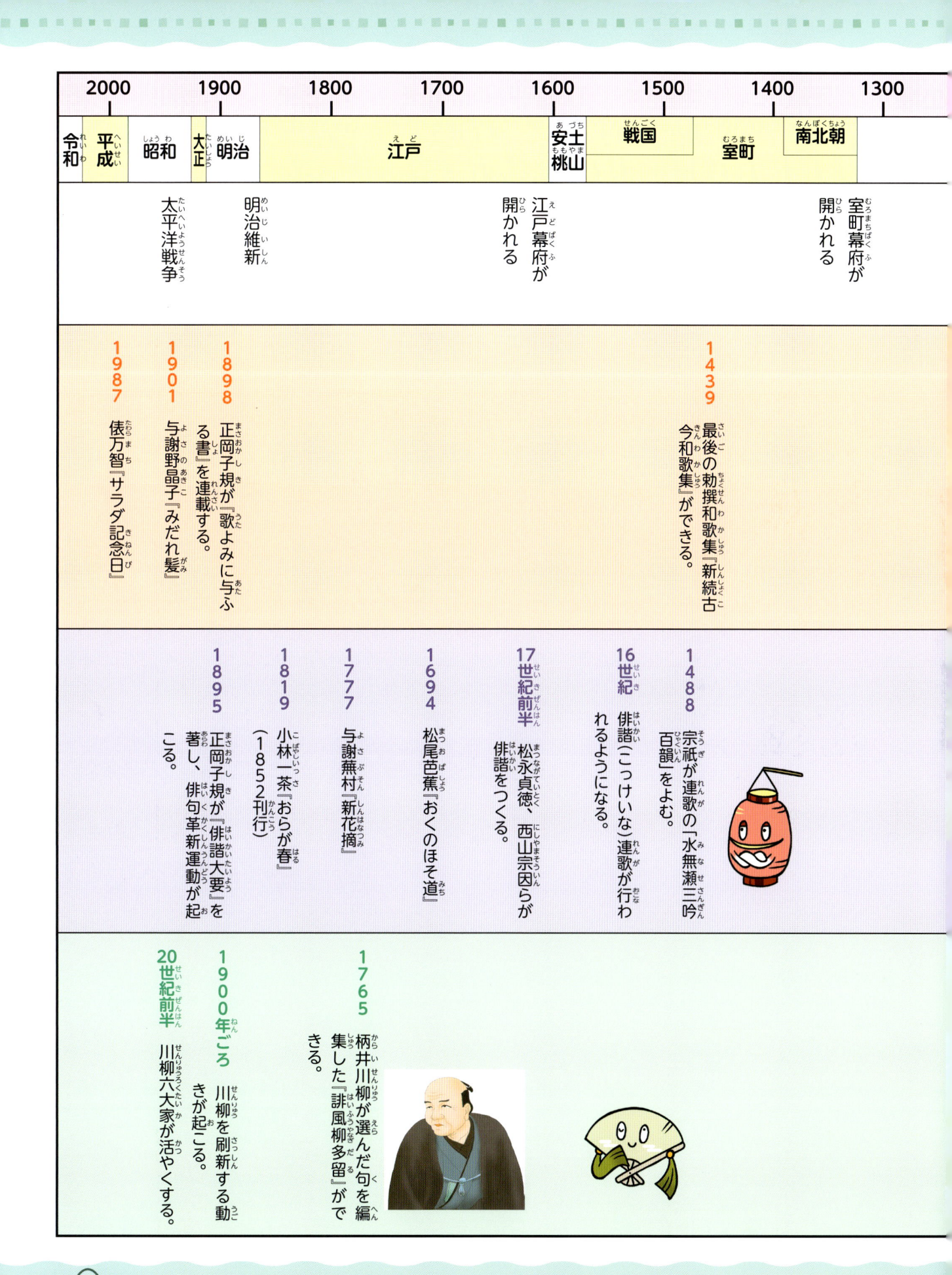

さくいん

参考文献

稲田和浩・著『日本文化論序説』彩流社
大修館書店編集部・編『社会人のためのビジュアルカラー国語百科』大修館書店
『改訂新版　最新国語便覧』浜島書店
足立直子ほか・監修『プレミアムカラー国語便覧』数研出版
加藤康子・監修『日本の古典大事典』あかね書房
吉海直人・監修『百人一首大事典』あかね書房
中村幸弘・藤井圀彦・監修『短歌・俳句　季語辞典』ポプラ社
おおやなぎ　ちか・著『わくわく子ども俳句スクール　１～３』国土社
浜田義一郎・編『江戸川柳辞典』東京堂出版
社団法人全日本川柳協会・編『川柳入門事典』葉文館出版
尾藤三柳・著『川柳入門―歴史と鑑賞―』雄山閣出版
渡辺信一郎・著『江戸川柳』岩波書店
ほか

監修　文京学院大学外国語学部非常勤講師　稲田和浩（日本文化論、芸術学）
編集協力　有限会社大悠社
表紙写真　PIXTA
『画本柳樽』（江戸東京博物館所蔵）　出典：国書データベース，https://doi.org/10.20730/100455669
表紙デザイン　株式会社キガミッツ
本文デザイン　中トミデザイン
イラスト　森永みぐ、渡辺潔

いっしょに探検！　日本の伝統文化と芸術（全《ぜん》4巻《かん》）
❷和歌・俳句・川柳を探検！

2025年4月　初版発行
発行者　岩本邦宏
発行所　株式会社教育画劇
〒151-0051 東京都渋谷区千駄ヶ谷5-17-15
TEL：03-3341-3400
FAX：03-3341-8365
https://www.kyouikugageki.co.jp
印刷　株式会社あかね印刷工芸社
製本　大村製本株式会社

48P NDC911 ISBN978-4-7746-2348-1
（全4冊セット ISBN978-4-7746-3327-5）

Published by Kyouikugageki, inc., Printed in Japan